21 가지
**착!** 붙는
면접 대화의
기술

THE POWER OF SPEECH

# 21 가지 착! 붙는 면접 대화의 기술

박비주 • 서환희 지음

izi PUBLISHING

면접은 참 어렵다. 합격하고 싶은 마음에 최선을 다해 말했는데 이쪽 저쪽 내 말의 방향이 틀어질 때, 목청을 높여보지만 결국은 좌절과 부딪힌다. 다시 잘 하고자 하는 마음조차 사라지고 이러지도 저러지도 못한 채 '이제 어떡하지?'라는 걱정만 남는다.

그런 당신에게 면접에 관한한 신비하고 기묘한 힘을 주겠다고 생각하며 집필했다.

많은 면접 준비생에게 면접 컨설팅을 하면서 그들의 땀, 눈물을 보아왔다. 지금도 옆 컨설팅 룸에서는 취준생들의 스터디 소리가 들려온다. 함께 땀을 흘렸고 눈물을 흘리며 함께 합격의 길로 나아가는 현직 면접 전문 컨설턴트로서 면접 대화의 기술을 전수하고자 한다.

이미 시중에는 면접 관련 책들이 많다. 하지만 이 책은 기존 면접 책과는 조금 특별하다고 말하고 싶다. 면접을 앞둔 당신에게 도움이 되길 바라는 마음에서 나는 세 가지 마인드를 담았다.

첫째, 백배 성장

'백배 성장합니다'라는 문구는 내 명함에도 크게 적혀있다. 백배 성장이라는 단어와 사명으로 이 책 한 권으로 당신이 바라던 길을 걸으며 백배 성장을 하게 되었으면 좋겠다는 마음으로 썼다.

둘째, 철저한 노하우

나는 박비주라는 이름으로 교육업에 뛰어 들었다. 입으로 합격을 파는 사람이 아니라 진정성 있는 교육 콘텐츠와 실행으로 합격을 파는 사람이다. 그리고 합격을 위해 한 사람을 분석하고 방향을 컨설팅 하는데 치열하게 노력하고 있다. 이 책은 치열한 노력을 바탕으로 쌓아온 면접의 다양한 기술과 노하우가 바탕이 되었다.

셋째, 합격 후기 증명

면접 컨설팅 이후 합격으로 변화된 인생을 살고 있는 현직 대기업, 공기업, 공무원, 군무원, 미래 주역을 이끌고 있는 대학생들이 커피를 사들고 찾아온다. 합격으로 가는 추월차선을 만들기 위해 노력했고 그들은 추월차선으로 어제와는 다른 내일을 살며 함께 성장하고 있다. 그들이 남겨준 합격 후기, 컨설팅에 대한 칭찬들이 지금 이 자리에서 내가 더 빛날 수 있도록 해주었다. 지금도 가끔 커피를 사서 놀러 오는 수강생들이 있다. 합격을 해서 면접 보는 후배들에게 컨설팅만 잘 따라 하면 합격할 수 있다고 살아있는 후기를 알려주고 가는 것을 보면 이 책은 분명히 당신에게 합격의 꽃길을 깔아줄 것이다.

당신이 그토록 바라던 합격 면접으로 만들어 낼 수 있다면 나는 내 노하우를 밑거름으로 하여 당신을 진정 합격을 향한 차선으로 옮겨 놓겠다.

나는 간절한 사람의 간절함을 돕는다면 나 또한 모든 간절한 것을 이룰 수 있다는 신념을 가지고 있다. 내가 면접 책을 쓰게 된 건 어쩌면 나를 위함일 수도 있다. 그래서 더욱 최선을 다해서 이 책을 썼다. 당신도 나도 이 책을 통해 무언가를 이루고 성공하며 위대해질 가능성을 얻었으면 하는 바람이다.

책을 집필하는 동안 매우 기뻤다. 이 책으로 당신이 당신의 능력을 제대로 발휘할 수 있을 거라는 믿음이 생겼기 때문이다. 단 한 줄을 읽더라도 '아! 나도 할 수 있구나!'라고 깨닫는 순간, 나는 당신의 능력을 발견한 발견자가 되는 것이니까.

이제 당신은 끝났다. 걱정 끝, 낙담의 끝, 불합격 끝이다. 합격자들의 면접 후기를 보며 덜덜 떠는 당신의 모습도 이제 더 이상 없을 것이다. 다시 말해서 당신은 불합격의 모든 요소를 끝내게 될 것이다.

면접은 두려운 것이 아니다. 더 이상 불안에 떨지 않아도 된다. 당신은 당당히 면접 합격 통지서를 받을 자격이 있다. 그러니 이제 합격의 길을 향해 쉽고 빠르게 걸어가면 된다.

끝으로 이 책을 보며 또 한없이 자랑스러워할 백영미 여사님, 아내의 면접 책 자랑을 엄청나게 할 남편 이도감, 공저를 함께한 서환희 작가, 트윙클한 마인드로 각자의 자리에서 누군가의 성장을 돕는 트벤져스들과 함께라 너무나 행복하고 지금의 내가 있다고 말하고 싶다.

앞으로 더욱더 타인의 성장과 결과를 도와 모두를 성공의 정상에서 만나겠다.

박비주

## 2장 쫄지 마 : 면접 편

## 3장 쫄지 마 : 테크닉 편

# 4장 쫄지 마 : 면접 실전 편

# 5장 쫄지 마 : 면접 핵심 질문 리스트 편

# 6장  착! 붙는 면접 핵심 질문 응답 가이드

# 7장  착! 붙 이렇게만 말해줘

# 1장

·

쫄지 마 :: 자기소개서 편

· · · ·

## 01
# 자기 소개가 가장 어려운 법

## 자기소개서가 면접 첫 길을 막는다

"안녕하십니까. 저는 산소 같은 인재 OOO입니다."

누구보다 공감한다. 산소 같지도 않으면서 산소 같다고 이야기하는 그 오그라듦은 본인의 몫이라 더욱더 부끄러울 것이다. 써놓고도 혼잣말로 나지막이 스스로 '아… 합격 못하겠다. 자기소개서부터 막히네'라고 말하는 당신의 답답함 또한 공감한다. 그리고 다시 읽어보며 너무 뻔하다고 생각하여 #자소서잘쓰는방법 #잘쓴자소서를 폭풍 검색하여 잘 쓴 자기소개서를 보며 감탄하고 이내 포기한 채 잠깐 또 손 놓고 있을 것이다. 잘 쓴 자기소개서를 쳐다보며 그냥 따라 써보자란 생각에 망설임 없이 글귀를 그대로 베껴서 써본다. 왜? 그들이 쓴 자기소개서에는 스펙과 경험이 잘 녹아 있고, 저것을 베껴 쓴다면 나 또한 합격할 것이라 생각이 들기 때문이다. 그렇게 쓴 자기소개서가 떨어지면 당신의 고개도 떨궈지고 눈물도 떨궈짐을 느낄 것이다.

자기소개서를 써본 사람이라면 몸소 겪게 되는 과정이다. 스펙과 경험을 부합시키는 것은 생각처럼 쉽지 않다. 도무지 알 수 없는 미지의 세계와 같을 것이다. 골똘히 고민하고 깊이 있게 써보려다 자기소개서 하나로 미궁에 빠지게 된다.

맞다. 자기소개서 쓰는 게 가장 어렵다. 면접의 문턱인 자기소개서부터 막히는 사람, 면접을 착!하고 붙!고 싶은 '착붙 바람형' 사람이라면 이 책을 들고 파면 합격이 보일 것이다.

어딘가에 취업을 해서 합격하고 싶은 사람이라면 누구나 자기소개서를 써야 하는 시대다. 지금부터 이 책에 집중하길 바란다. 답이 보일 것이다.


## 자기소개서의 본질과 핵심에 집중하라

착 붙는 면접의 첫 관문인 자기소개의 본질과 우리가 집중해야 할 핵심 포인트를 단도직입적으로 알려주겠다.

첫 번째, 먼저 지원한 곳에서 왜 자기소개를 쓰라고 할까? 라는 물음표를 던져라.

두 번째, 내가 쓴 자기소개서를 누가 읽을 것인가?

세 번째, 효과적인 글쓰기 방법

자기소개서의 본질과 핵심으로 이 세 가지만 외워두면 시작이 쉬워진다.

## 자기소개서의 본질 핵심 정리 활동

### 1. 자기소개서를 써야 하는 이유를 적어보자.

예시 자기소개서는 [한 눈의 지도]이기 때문이다.

_____

_____

_____

_____

_____

_____

_____

### 2. 누구에게 보여 줄 것인가?

예시 자기소개서를 읽는 사람은 삼성전자 인사과 취업 담당자와 고위 간부일 것이다.

_____

_____

_____

_____

_____

_____

_____

_____

## 3. 어떻게 써야 할까?

**예시** 누구나 알고 많이 사용하는 단어로 이해가 쉽도록 써야 공감을 얻을 것이다.

# 02

# 나를 꺼내는 기술

포트폴리오

## 자기소개서 샘플링부터 만들어라!

자기소개서가 안 써지고 막히는 이유는 무엇일까. 샘플링 없이 자기소개서 문항에만 맞추어 바로 쓰려니 압박을 느끼는 것이다. 압박에서 벗어나 자유롭게 나만의 자기소개 샘플링을 만들어보는 단계를 꼭 밟아라. 자기소개서를 쓰기 전 자신의 장단점과 강약점을 파악해서 나만의 자기소개서를 만드는 것이다. 나의 경력, 수상 경험, 자격증, 최고의 강점, 내가 생각는 나, 타인이 생각하는 나, 아르바이트, 동아리 활동 등 나에 관련하여 모두 적어보는 것이다.

그렇게 나만의 자기소개서를 대략 만들었다면 이제는 그것을 토대로 자기소개서에 적을 소제목을 만들어보는 것이다. 아주 간결하면서도 촌철살인 한 줄이 중요하다. 이때 회사 채용 공고의 자격 요건, 핵심 가치, 인재상을 이용하는 것이 매우 좋고 자신의 장단점을 부합하여 한 줄을 만드는 것이다.

이때 주의해야 할 것이 있다. 샘플링을 만들다가 자기 자신에게 취하는 것을 금한다. 자아도취 상태가 되면 내가 잘하고 내가 보여주고 싶은 것만 적게 된다. 하지만 이러한 과정을 하는 이유가 내가 원하는 기업이나 학교에 넣을 것이기 때문에 그곳에서 원하는 능력에 맞게 써야 한다는 것을 명심하자.

**예시 잘못된 자기소개서**

> **· 흔한 자기소개서에 넣는 유형**
>
> 저는 서울 아현동에서 1986년 가을하늘 10월에 태어났습니다. 국가직 공무원이신 아버지 밑에서 근검과 절약을 배우며 늘 언제나 우리 남매들에게 사랑으로 대하셨습니다. 어머님은 아버님의 사랑을 받으며 흘러넘치는 사랑을 저희에게 주셨고 저는 사랑받고 사랑을 다시 주는 사람으로 성장했습니다. 저희 남매는 누구보다 돈독한 사랑으로 똘똘 뭉쳐 지금도 서로를 응원하고 누구보다 아껴주는 상황입니다.
>
> **· 끓어 넘치는 의욕을 자기소개서 글로 붓는 유형**
>
> 제가 귀사에 지원하여 제가 배운 근검, 절약을 행하고 사랑으로 동료를 아껴주며 어떠한 일도 숙명이라 여기고 죽을 힘을 다해 적극적인

일 처리를 보여드리도록 하겠습니다.

• 연혁 유형

1986년 10월생 서울 아현동 탄생  1994년 3월 아현초등학교 입학 이후 대학을 진학하는 과정 2006년 공무원 시험을 보게 됨

• 야원 경력

저는 CGV 아르바이트를 하면서 팝콘을 튀기고 사람들에게 예매 발권 아르바이트를 하였습니다. 그래서 저는 군사정보과에서 누구 보다 더 크게 성장 할 수 있는 인재로 성장하게 될 것입니다.

예시 **잘된 자기소개서**

• 자신을 나타내는 말 제시

"꿈과 열정을 가진 나라면 대한민국 인재상에 적합하다"

• 명확한 지원동기

대한민국 인재상에 지원하게 된 동기는 '꿈과 열정을 가진 당신이 대한민국 인재입니다!'라는 슬로건 때문이었습니다.

• 근거가 타당하고 읽기 좋은 문장 유형

저는 초등학교 시절부터 로봇공학자라는 꿈과 열정 하나로 우수한 성

적을 거둔 것은 물론이며 다양한 활동으로 좋은 성과를 거두며 사회에 나아가기 위해 노력하는 학생이기 때문입니다.

'아! 꿈과 열정을 가진 나라면 대한민국 인재에 적합하다'고 생각하였습니다. 창의와 열정으로 새로운 가치를 창출하며 타인을 배려하며 공동체 발전에 기여하는 인재를 발굴하여 미래 국가의 주축으로 성장하도록 지원해 준다는 대한민국 인재상의 사업 목적을 보았을 때 더욱더 부합된다고 생각하였습니다.

집안 형편이 어려운 저로는 솔직히 제가 성장할 수 있는 방법이기도 하였습니다.

형편이 좋아 금방 재료도 많이 사고 환경도 더 나은 환경에서 빠르게 빛 볼 수 있는 친구들과는 달리, 하나를 준비하더라도 형편이 열악하여 준비하는데 시간이 걸리는 그늘에 있는 제가 정정당당히 성장할 수 있는 기회라고 생각하였기 때문입니다.

성공자는 실패할 확률보다는 성공할 확률만 생각한다고 알고 있어 성공하기 위해 지원하게 되었습니다.

**·질문의 이유를 세 가지로 한눈에 보기 좋게 제시**
그리고 제가 대한민국 인재상과 부합한다고 생각하는 이유는 딱 세 가지가 부합된다고 생각합니다.

첫째, 지혜와 열정으로 탁월한 성취 능력을 가지고 있기 때문입니다.

열악한 환경 속에서도 재료값 많이 드는 로봇 쪽으로 진로를 하게 된 건 로봇공학자로서 성공을 확신하고 있는 저의 목적의식이 아니면 할 수 없기 때문입니다. 환경에 지배당하지 않기 위해 한 부모 가정의 혜택과 장애인 복지 재단의 혜택을 알아보는 지혜를 발휘하여 후원받으며 그만큼 열정적으로 청소년 발명 아이디어 경진대회, NCS 직무능력 올림피아드 우수상 등 활동한 만큼 성과를 거두며 결과를 이루었기 때문입니다.

둘째, 창의적 사고로 새로운 가치를 창출할 줄 아는 사람입니다.

독창적인 아이디어와 창의적인 사고로 대한민국 청소년 발명 아이디어 대회에서 대상을 수상했습니다.

셋째, 배려와 사회 발전에 기여하는 사람이기 때문입니다.

저는 나라의 혜택으로 성장한 사람으로 사회 발전 기여에 대한 열린 마음과 공감이 충분한 사람입니다.

장애인 한 부모 가정이 저의 성장 배경입니다. 한부모라는 가족의 형태, 장애인이라는 사람의 형태에 대한 다양성을 수용하며 자랐기 때문에 열린 마음, 공감이 충분합니다. 대한민국에서 한 부모 가정을 뒷받침 해주는 혜택으로 성장했으니 꼭 나라에 다시 기여해야 함을 누구보다 더욱 알고 있는 사람입니다.

**• 다시 한 번 자기소개서의 핵심으로 마무리**

이처럼 저는 대한민국 인재상을 딱 갖춘 우수한 인재라고 생각하여 적합하다고 생각하는 바입니다.

## 나를 꺼내는 기술

모르는 사람에게 나를 소개한다는 것은 제법 어려운 일이다. 어떤 이야기를 해야 하는지, 어떻게 이야기를 풀어내야 하는지, 어떻게 해야 자신을 효과적으로 표현할 수 있는지 막막할 때가 많다. 자기 자신을 드러내는 것에 기술이 필요한 이유다.

기술1. 문항에 해당하는 글을 쓸 땐 나의 이야기이기 때문에 나한테 익숙하게 쓰게 되어있다. 자신이 아니라 타인이 이해할 수 있도록 써야 하며 스토리텔링 혹은 과정을 논리적이고 상세히 적는다.

기술2. 나를 꺼내는 이유와 성과, 노력점을 적는 것이다.

기술3. 과한 포장은 좋지 않다. 솔직하게 적되 약간의 확대하는 포장이 좋다.

기술4. 포트폴리오이기 때문에 링크를 걸어 활동한 영상, 사이트 등을 연결시켜 보기 좋게 만들어 놓는다.

기술5. 스스로 생각하기에 좋은 활동들이 너무 많아 회사에 부합하지 않는 것인데도 포트폴리오에 넣는 경우가 대다수다. 아깝고 표현하고 싶더라도 회사에서 원하는 내용으로 구성하여 내야 한다.

## 나를 꺼내는 기술 활동

1. 자신에 대해 자유롭게 표현하기

   (성격, 업무, 활동, 수상, 가치, 중요시하는 것 등)

_____

_____

_____

_____

_____

2. 자신이 채용되어야 하는 이유

   (내가 가진 강점, 무기, 사례 등)

_____

_____

_____

_____

_____

_____

3. 입사 후 나의 활동

   (입사했다고 상상하고 구체적으로 써보기)

---

4. 그 외에 기여할 수 있는 것

   (광고 동영상 만들기, 동아리 운영, 독서 모임, 프레젠테이션 등)

포트폴리오는 자기소개서 보다 훨씬 효과적이다. 한눈에 당신을 파악하게 만들 수 있다. 요즘은 기업체, 학교, 공기업, 국가기관 등 대부분 자기소개서를 읽기보다는 자유 형식의 포트폴리오를 보며 시간 절약을 많이 하고 있다. 포트폴리오는 자유 형식의 자기 소개이다. 포트폴리오는 어려운 것이 아니다. 당신 하는 일에 대한 다양한 경험과 활동을 보여주는 것이 포트폴리오다. 더 이상 나를 꺼내는 기술에 대해 두려워하지 말자. 잘된 포트폴리오는 유용한 자산이 될 것이다.

자기소개서 샘플링과 포트폴리오에 도움이 될만한 정리 기법은 바로 '만다라트'다.

만다라트가 유명해진 것은 오타니 쇼헤이 야구 선수 때문이다. 오타니 쇼헤이는 만다라트 안에 자신의 꿈을 이루는 데 꼭 필요한 구위, 체력, 변화구, 스피치, 스피드, 운, 인성, 정신력 8가지 요소를 넣었다. 그리고 실천방안 8가지로 성공의 괴물로 거듭날 수 있었다. 최하의 성적에서 2~3년 만에 최고의 성적을 거두는 스타 선수가 된 것이다.

그가 사용한 만드라트 도표의 원리는 만다라처럼 불교 쪽에서 반복되는 원, 네모, 연꽃 무늬 등으로 깨달음의 경지를 표현한 불교 미술의 종류이다. 연꽃이 피워지듯 안쪽에서 바깥쪽으로 퍼져가며 계획을 세우고 키워가는 방법이다.

## 만드라트 예시 도표

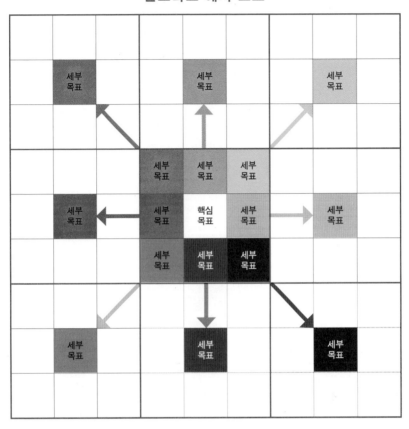

복잡해 보이는 것과는 달리 가운데 주요 계획만 중심을 잡아놓으면 계획표는 더욱 더 쉬워진다. 가운데 칸 중간에 최종 목표, 주요 목표를 적는다. 최종 목표, 주요 목표를 정해 적었다면 그 목표를 실천할 수 있는 세부 방안를 가지치기 하듯 하나씩 구체적인 방법을 채워나가면 된다.

오타니 쇼헤이의 만다라트 도표를 살펴보자.

## 오타니 쇼헤이의 만다라트 도표

| 몸 관리 | 영양제 먹기 | FSQ 90kg | 인스텝 개선 | 몸통 강화 | 축을 흔들리지 않기 | 각도를 만든다 | 공을 위에서 던진다 | 손목 강화 |
|---|---|---|---|---|---|---|---|---|
| 유연성 | 몸 만들기 | RSQ 130kg | 릴리즈 포인트 안정 | 제구 | 불안정함을 없애기 | 힘 모으기 | 구위 | 하체 주도로 |
| 스테미너 | 가동역 | 식사 저녁 7수저 (가득) 아침 3수저 | 하체 강화 | 몸을 열지 않기 | 멘탈 컨트롤 하기 | 볼을 앞에서 릴리즈 | 회전수 업 | 가동역 |
| 뚜렷한 목표, 목적을 가진다 | 일희일비 하지않기 | 머리는 차갑게 심장은 뜨겁게 | 몸 만들기 | 제구 | 구위 | 축을 돌리기 | 하체 강화 | 체중 증가 |
| 펀치에 강하게 | 멘탈 | 분위기에 휩쓸리지 않기 | 멘탈 | 8구단 드래프트 1순위 | 스피드 160km/h | 몸통 강화 | 스피드 160km/h | 어깨 주위 강화 |
| 마음의 파도를 만들지 말기 | 승리에 대한 집념 | 동료를 배려하는 마음 | 인간성 | 운 | 변화구 | 가동역 | 라이너 캐치볼 | 피칭을 늘리기 |
| 감성 | 사랑 받는 사람 | 계획성 | 인사 하기 | 쓰레기 줍기 | 부실 청소 | 카운트볼 늘리기 | 포그볼 완성 | 슬라이더의 구위 |
| 배려 | 인간성 | 감사 | 물건을 소중히 쓰자 | 운 | 심판분을 대하는 태도 | 늦게 낙차가 있는 커브 | 변화구 | 좌타자 결정구 |
| 예의 | 신뢰 받는 사람 | 지속력 | 플러스 사고 | 응원 받는 사람이 되자 | 책 읽기 | 직구와 같은 폼으로 던지기 | 스트라이크에서 볼을 던지는 제구 | 거리를 이미지 한다 |

오타니 쇼헤이는 '8구단 드래프트 1순위'라는 주요 목표를 잡았다. 그리고 목표 주위로 8가지 행동을 세분화 시켰다. 몸 만들기, 제구, 구위, 멘탈, 스피드, 인간성, 변화구라는 핵심으로 그 행동을 다시 사이드 박스에 중심으로 넣어 더욱더 구체화된 계획 8가지를 잡았다. 오타니 쇼헤이는

자신의 목표를 이루기위해서 더욱더 세분화 된 계획 한 눈에 보기 좋은 계획표를 만들어 성장하였고 성공하였다.

실제 만다라트를 이용하여 군무원 취업 합격을 목표로 세운 학생의 도표이다.

## 군무원 취업생의 만다라트 도표

| 이미지요소만들기 | 보이스만들기 | 질의응답 | 직렬스터디 | 트윙클스터디 | 보직모의면접 | 명상 | 투두리스트 | 합격생이라 생각 |
|---|---|---|---|---|---|---|---|---|
| 중코칭 | 트윙클교육컨설팅 | 온라인피드백 | 독서실 | 스터디 | 촬영하기 | 운동 | 마인드 | 이미지트레이닝 |
| 자율학습 | 특강 | 질문시간 | 오픈채팅군무원 | 집중도구 | 녹음 | 유튜브 | 감사일기 | 자기확인 |
| 행정 | 업무세분화 | 대처능력 | 트윙클교육컨설팅 | 스터디 | 마인드 | 불필요 vs 필요 | 알람설정 | 오답노트리스트 |
| 공기업직렬분석 | 직렬관련질문 | 제시안준비 | 직렬질문 | 군무원취업합격 | 시간관리 | 행동리스트 | 시간관리 | 투두리스트 |
| 국방잡지 | 현직자인터뷰 | 자격증이론공부 | 인성상황질문 | 시사 | 자기관리 | 타임기록 | 바인더작성 | 성공리스트 |
| 실전피드백 | Q/A응답지완벽정리 | 군시생공유방 | 예상질문 | 네이버 | 스터디 | 표정 | 헬스 | 피부관리 |
| 면접유형 | 인성상황질문 | 상황대처답 | 신문 | 시사 | 뉴스 | 마사지 | 자기관리 | 필라테스 |
| 질문자의도 | 앵무새화법 | 합격후기 | SNS | 국방일보 | 군사학과 | 등산 | 조깅 | 요가 |

이 학생은 만다라트 도표를 항상 가지고 다녔다. 그리고 계속 실천 행동계획 공부계획 등 스스로 상기 시켰고 결국 군무원으로서의 길을 걷게 되었다. 그는 지금도 만다라트를 이용하여 일과 개인의 생활의 비율 워라밸 라이프를 목표로 실천해 나아가고 있다고 한다.

자소서와 포트폴리오는 구체적이고 정확할수록 좋다. 만다라트를 통해 당신을 한눈에 표현해보자.

## 만다라트 도표

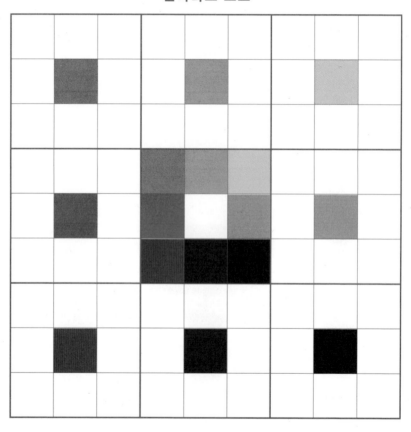

만다라트 도표가 당신의 자기소개서 샘플링 정리 기법에 도움이 분명히 될 것이다. 좌표가 채우긴 쉬워 보여도 다 채우려면 어렵다. 하지만 다 채워라! 합격을 채운다고 생각하라!

# 자기소개서에도 패턴이 있다

## 기업별 패턴을 알면 더 쉬워지는 자기소개서

우리나라에 봄, 여름, 가을, 겨울 사계절 패턴이 있듯 기업별 자기소개서 요구 사항 패턴도 있다. 그러니 패턴만 파악해도 취업의 꿈은 가까워진다. 요즘 공공기관과 공기업 등 블라인드 채용 도입을 가속화하고 있다. 가속화를 뛰어넘어 당연하게 면접의 공식으로 블라인드 채용을 만들어가고 있는 추세이다. 포스코, CJ, 현대자동차 등 국내 주요 그룹사의 최신 자기소개서 문항만 분석하여도 구직자들은 자기소개서의 작성 방향을 잡을 수 있다.

면접 컨설턴트로 일하면서 많은 면접 준비생들이 찾아와 상담 요청을 한다. 그럼 자기소개서를 준비하는 것과 준비하지 않는 차이를 이렇게 설명해준다. "길을 알고 걷는 것과 모르고 걷는 것의 걸음의 차이는 엄청납니다." 자기소개서는 방향과 원리가 똑같다. 자기소개서를 알고 쓰는 것과 모르고 쓰는 자기소개서는 완성도와 합격률에서 엄청난 차이를 보이기 때문이다. 그렇기 때문에 자기소개서를 쓰기 전, 주요 기업의 자기소개서 패턴을 파악해보고 기출문제 풀듯이 주요 기업의 자기소개서를 미리 써보는 연습이 필요하다. 취업 준비를 한다면 꼭 미리 써보기를 권한다. 여행을 가기 전 답사를 하는 것과 같다.

◆ 우리나라 주요 기업 포스코 문항의 패턴을 파악해보자

> Q. 직무에 요구되는 역량은 무엇인가. 본인의 노력과 경험에 구체적
> 으로 표현해 주세요.

위 질문은 직무에 지원하는 지원자의 직무 이해도와 적합성을 보기 위한 문항임을 알아야 한다. 지원하는 분야에 얼마만큼의 기본기를 가졌는지 회사에 취업하여 회사에 어떠한 장점으로 기여할 수 있는지를 보기 위한 질문이라는 사실을 써야 한다.

이때 포스코의 현재 흐름, 요구 역량에 대해 미래지향적인 발전 제시,

제시한 방향에 대한 전략 효과와 목표로 크게 나누어 쓴다면 더 좋을 것이다. 시사 이슈 잡지 뉴스 기사 등 수집 정보 나열은 하지 않는 것에 주목하면서 쓰기만 해도 좋은 자기소개서가 될 것이다.

#### ◆우리나라 주요 기업 현대자동차 문항의 패턴을 파악해보자

> Q. 평소 생활신조는 무엇인가?

현대자동차에서 생활신조를 왜 물을까? 평소 지원자의 인생의 가치와 직업적 가치를 알고자 함이다. 생활신조는 광범위한 질문이다. 그래서 보통의 지원자들은 최고의 명언을 찾고 좋은 글귀를 찾아 첫 마디에 고정시킨다. 명언이나 좋은 글귀에 자신의 가치를 맞추어 적으려니 과대포장이 되어 버리는 자기소개서의 문항이 된다. 빵빵하게 공기로 과대 포장된 과자 봉지를 우리가 알아보듯이 과대 포장된 자기소개서는 기업에서도 알아보고 거른다. 그렇기 때문에 지원자의 진정한 가치를 구체적인 사례로 작성하여 조금 더 전달력 높고 진정성 있는 자기소개서가 되는 것이 더 좋다. 이 질문이 너무나 광범위하다 보니 본인의 생활신조를 본인의 업무성, 장점으로 작성하는 사람이 많다. 하지만 이 질문은 지원자의 자세 태도 생활 관점을 알고자 하는 질문이니만큼 질문에만 응답을 풀어나가는 것이 좋다.

## ◆우리나라 주요 기업 CJ E&M 문항의 패턴을 파악해보자

> Q. 스스로 목표를 세우고, 노력했던 경험은?

CJ E&M의 질문은 기업이 정서를 이해하고 써야 한다. 기업의 정서는 홈페이지를 통해 충분히 알 수 있다. 기업의 인재상과 핵심가치를 살펴보면 된다. 'only one 정신'이라는 CJ그룹의 가치를 보면 오직 한 가지를 보고 몰두하는 가치를 엿볼 수 있기에 이런 질문이 나왔을 것이라 예측하고 맞춰 쓰는 것이다. 지원자는 얼마큼 몰두하고 성과를 이루었는지에 포인트를 두고 쓰는 것이 좋다. 목표의 수준과 목표를 설정한 이유가 드러나게 적는 것이 좋다. 이를 통해 노력하는 과정에서 얻어지는 과정의 성취, 기획력, 행동력을 중심으로 긍정적인 내용을 바탕으로 하여 기술하면 된다. 결과가 좋지 못하였더라도 그것을 깨달으면서 얻은 교훈의 결과로 기술하면 되니 걱정하지 않아도 된다.

## ◆우리나라 주요 기업 IBK 기업은행 문항의 패턴을 파악해보자

> Q. 가장 창조적이고 혁신적인 것과 혁신적으로 인한 변화를 쓰시오.

이 질문만 보아도 은행에서 혁신에 대한 적절한 대응안이 있는 지원자인가에 대해 묻고 있다고 볼 수 있다. 최근 카카오 뱅크와 같은 인터넷 모바일 은행이 등장하면서 기존 시중 은행에 혁신의 바람이 없으면 안 되는 현재의 은행 시장 흐름을 읽는 능력 또한 필요하다. 모바일 뱅킹 회사로 인해 창구 업무 직원들이 현저히 줄어드는 현 상황에 직원을 뽑는다는 것은 융합적 인재를 추구하는 것을 의미한다. 만나지 않고 신규 고객을 확대하느냐? 라는 문제점을 두고 창조와 혁신을 더욱 중요시하고 추구하기 때문에 이에 대한 문제점을 원활히 해결할 방안, 혹은 프로젝트를 제시하거나 비슷한 문제점을 해결했던 경험을 구체적으로 작성하여 표현하는 것이 좋다.

봄, 여름, 가을, 겨울 사계절을 파악하여 봄옷, 여름옷, 가을옷, 겨울옷을 미리 준비하고 대비하는 것처럼 주요 기업의 자기소개서 패턴을 파악하여 그에 맞게 준비한다면 당신이 걷는 취업의 길이 그리 굽은 길이 아닐 것이다. 굽은 길이라 할지언정 알고 가는 당신에게는 곧은 길이 될 것이니 너무 두려워하지 말고 패턴으로 미리 답사하고 대비하자! 이 책의 단단한 구성으로 자기소개서부터 면접까지 당신과 함께하겠다. 당신은 혼자가 아니다!

## 04

# 험이 력이 된다

## 경험이 경력이 된다

경험 기술서와 경력기술서의 경험은 뭐고 경력은 뭐지? 헷갈릴 수 있을 것이다.

면접 컨설턴트를 하면 학생들이 자주 물어본다. "선생님 경험 기술은 뭐고 경력 기술은 뭐예요?" 그땐 전라도 사투리로 이렇게 말해준다. "험이 력이 되는 겨"

경험이 경력이 된다. 경력이 경험이 된다. 그냥 이것만 알고 가면 된다. 경험, 경력 기술에는 나의 역할은 무엇이었는지, 어떠한 기여를 했는지 성과와 결과를 적는 것이다. 경험, 경력 기술서를 쓰는 이유는 기업의 입장에서 보면 지원자가 업무를 수행하는 데 있어서 결정적으로 필요한 역량이 있는지 판단하기 위해서다. 경험은 거짓돼서는 안 된다. 대신 팩트를 확장시켜 쓰는 것은 추천한다. 신데렐라로 예시를 들자면 신데렐라가 어려서 부모님을 잃고부터 시작하는 것이 아니라, 구두를 잃어버린 그 순간 또는 유리구두가 신데렐라 발에 맞았던 순간의 팩트를 확장시키는 것이다.

## 경험을 쇼핑하라

험을 력으로 만들려면 당신의 얼마 없는 경험, 수많은 경험 중 기업체에 맞는 경험을 찾아내야 한다. 이때 당신은 당신이 경험 선택 장애가 있다는 것도 알게 될 것이다. 어떤 경험을 확대시켜 쓸 것인가…? 깊은 고민에 빠지게 될 것이다. 이때 물음표를 던져라.

첫 번째, 지원하는 기업은 어떤 기준의 경험을 뽑을까?
두 번째, 내가 겪은 경험과 경력이 기업에 와닿게 메시지로 쓰는 방법은 무엇일까?

내 생각을 간단히 적어보고 기존 경험을 생각했던 것과 비교해 보자.

1. 지원하는 기업은 어떤 기준의 경험을 뽑을까?

_____

_____

_____

_____

_____

_____

_____

2. 내가 겪은 경험과 경력이 기업에게 와닿게 메시지로 쓰는 방법은?

_____

_____

_____

_____

_____

_____

첫 번째 꿀팁은 해당 직무를 수행하는 데 있어서 필요한 경험을 쓰면 된다. 지식/태도/기술에 대한 경험 위주로 적어라. 산업 및 직무에서 발생할 수 있는 문제점, 이슈, 미래화 방향성으로 쓴다면 기업은 당신에게 귀 기울이고 집중할 것이다.

두 번째 꿀팁은 이해하기 쉬운 형태로 쓰는 것이다. 어려운 말로 적는다면 이해가 안 될 것이고 와닿지도 않을 것이다. 이해하기 쉬워야 읽기가 쉽고 읽어야만 이해를 하니 이해하기 쉬운 형태로 적어라. 잘 보이려고 전문용어를 쓰거나 상대방이 이해하기 어려운 말로 어렵게 기술하는 경우는 합격하기 힘들다고 보면 된다.

## 채용 담당자가 보는 경험과 경력은 따로 있다

채용담당자가 자기소개서를 보는 시선은 따로 있다. 채용담당자는 수천수만 번 지원자들의 자기소개서를 검토하면서 한눈에 걸러내는 기묘한 힘을 갖게된다. 기준이 생기는 것이다. 공통적으로 채용담당자가 보는 시선은 '균형 있는 문서인가?' '이 사람을 나타내는 대표적인 콘텐츠 또는 스토리가 있는가?' '변화관리 능력은 뛰어난가?' '질문자의 의도를 파악하고 썼는가?' '핵심기술로 강조되었는가?' 이다.

면접 컨설턴트로 합격하는 채용 담당자가 보는 경험과 경력 평균 6가지를 알려주겠다.

첫 번째, 요구하는 능력을 갖췄을 때
두 번째, 프레젠테이션 능력을 갖췄을 때

세 번째, 자신의 강점을 극대화했을 때

네 번째, 이직·취업 목적이 납득할만한 이유일 때

다섯 번째, 일에 대해 올바른 의욕이 있을 때

여섯 번째, 기술한 내용에 신뢰성이 있을 때


경력, 경험 혹은 직무기술서를 쓸 때는 자신이 해왔던 지식이나 전문성을 쓰는 것이다. 어렵게 쓰지 말고 누가 읽더라도 이해할 수 있는 촌철살인의 문장으로 한방으로 먹이는 기술을 해라. 자신이 해 온 경험과 전공한 분야를 제대로 쓰지 못하는 사람은 면접에 불러도 제대로 말하지 못할 것으로 생각하게 된다. 설령 입사를 했다 하더라도 주어진 일 또한 못하리라 생각한다. 그렇기에 경험과 경력 기술을 바탕으로 내가 가장 잘하고 잘 표현할 수 있는 것으로 써라. 지금까지의 경험과 기술에 회사에서 살릴 수 있는 내 강점과 성과를 쓰되, 기업이 요구하는 경험은 무엇인지 또한 경험에서 어떤 기술이 있었는지를 적극적으로 상세하게 쓰는 것도 꿀팁이다.


## 경력, 경험을 개조하라

개조식 문장은 복잡하고 어려운 내용을 알아 보기 쉽게 한다. 추상적이고 의미 없는 서술어 보다 빠르게 핵심을 짚어주는 개조식이 좋다. 해당 상황을 정확하게 이해하고 요약 하면 된다. 개조식으로 보기 좋게 경력과 경험을 펼쳐라.

**예시** 개조식 기반 작성 : 트윙클 컴퍼니 면접 컨설턴트 직무 기술

1. 자기소개서 파악 및 자기소개서 기출문제 만들기
   - 개인별 자기소개서 파악
   - 자기소개서 기반 기출문제 예상
   - 개인 면담

2. 모의면접을 통한 스피치 진단
   - 카메라 테스트
   - 면접 질문 테스트

3. 학생 피드백 및 면접 방향 설정
   - 모의면접을 바탕으로 한 피드백
   - 카메라 테스트 모니터링
   - 이미지, 보이스, 면접내용 방향 설정

보기 좋게 개조하여 쓰는 것 또한 한눈에 경력과 경험을 볼 수 있기 때문에 좋은 예다.

설명을 조금 더 구체화 시킨다면 개조식과 함께 간략하게 핵심을 서술해도 좋다. 헤드라인, 회사소개, 내용, 성과로 나누어 써도 좋다. 직무

경력서는 채용 담당자가 보고 있는 부분까지 챙기면서 써야 한다. 누구나 이해하기 쉽고 성과 중심의 기술로 써야 한다. 만약 자랑할만한 경험과 경력이 없어서 간접적 경험을 쓰더라도 기업의 니즈에 포커스를 두고 간접경험을 반영해야 한다. 당신이 고용되고자 하는 형태에 발맞춰 당신의 경험을 나열한다면 분명히 채용 담당자는 당신을 합격시킬 것이다. 그러니 두려워하지 말고 이 책과 함께 취업 성공의 길을 나아가면 되니 다음 장으로 넘어가자.

# 난 고마운데 넌 아깝지?

자기소개서 첨삭 컨설팅 비용

## 나는 고마운 돈인데 너한텐 아까운 돈

취업 공채가 뜨자마자 면접 컨설턴트 교육팀으로 문의 오는 순서가 있다.

자기소개서 첨삭 문의를 시작으로 여러 가지 취업 면접 유형의 문의가 들어온다. 이 글을 읽는 당신에겐 미안한 말이지만 면접 컨설턴트 학원에 첨삭 코칭을 신청해주면 면접 컨설턴트 강사들에겐 고마운 일이다. 자기소개서 꿀팁을 알고 적용해 수익화하니 말이다. 입장을 바꿔 수강생의 입장에서 보면 답답하고 힘들어서 쓰는 돈은 아까운 돈일 것이다. 합격하더라도 아까운 돈은 계속 아까운 돈이다. 스스로가 쓸 수 있으면 쓰지 않아도 될 돈이니까. 그동안 많은 사람의 자기소개서 첨삭 코칭, 신청 그리고 합격 소식까지 알려지고 우리 회사가 #합격의전당 이라는 명칭까지 얻었으니 이 책에 자기소개서로 수익화되던 꿀팁을 모두 풀어내겠다. 이제 자기소개서 첨삭으로 소비를 멈출 수 있도록 도와주겠다.

자기소개서를 쓰는 방법에도 단계가 있다.

첫 번째 단계 - 공통된 자기소개서 문항을 즙 짜듯 짜내라
두 번째 단계 - 자기소개서 문항을 분석하는 전통식
세 번째 단계 - '기색하라' 기업에 맞추는 각색
네 번째 단계 - 템플릿을 이용하라

## 첫 번째 단계 - 공통된 자기소개서 문항을 즙 짜듯이 짜내라

컨설팅 기간 동안 자기소개서 문항을 즙 짜듯이 짜내고 또 짜내다 보면 진액이 나온다. 이 진액은 당신의 자기소개 문항이 될 것이다. 자신의 경험, 경력, 자격증이 지원하는 곳과 걸맞은 지 직·간접적인 역량과 밀접한 교집합을 찾는 것이다.

• 지원 동기 성장 과정 500자~1,000자 이내

- 직무 관련 역량, 성취 경험 500자 ~1,000자 이내
- 입사 포부 기타 특정 문항 1,000자~ 1,500자 이내

## 두 번째 단계 - 전통식 자기소개서 문항을 무시하지 마라

동기/비전/열정/역량으로 나뉘어 나오는 공통 자기소개서 문항이 있다.

- 동기 (기업과 직렬을 선택하게 된 동기, 계기, 이유)
- 비전 (기업과 자신의 비전과 발전 방향 목표 계획)
- 열정 (기업과 직무에 대한 의지 애정 집중)
- 역량 (자신의 강점 중심 극대화)

위의 네 문항은 모든 자기소개서에서 빠져서는 안 되는 항목이다. 본인의 대한 소개를 했다면, 이젠 자신이 기업에 맞는 인재인가를 풀어내야 한다.

예로부터 전해져오는 면접 자기소개서 문항 질문이 있다. "우리 회사 왜 와?" "잘 할 수 있어?" "어떻게 잘할 건데?" 질문 맥락의 전통은 21세기 지금도 이어져 내려오고 있다는 것을 잊지 말아야 한다. 세월이 흐르고 세상이 바뀌어도 이것은 바뀌지 않았고, 앞으로도 바뀌지 않을 것이다. 지금껏 바뀌는 않은 것은 진짜 바뀌지 않는다.

왜 우리 회사에 지원했는지 어떤 직렬에서 일할 것인지 이유에 대해

묻고 잘할 수 있는지 과거 경험과 경력을 통해 말해보라고 한다. 대답을 듣고 그래서 어떻게 우리 회사에서 잘 것인가에 관해 묻는다. 한마디로 말하면 '너 우리 회사에 도움 될 수 있냐?' 라는 거다.

질문 분석이 이러니 지원자의 답변 또한 전통처럼 내려온다. 하지만 흔한 답변을 할 것이 아니라 이 질문을 왜 하는 것인가를 파악하고 대답해야 한다. 이러한 흐름 속에서 가장 답변하기 좋은 단어나 문장을 만들어 두고 구체적으로 뒷받침할 예시나 경력 경험을 선택하고 준비하는 것이다.


## 세 번째 단계 - 기색하라

일반적인 방법으로 지금까지 준비를 해왔다면 이제 기색으로 확실하고 심층적인 준비를 해야 한다. 기색은 기업의 색에 맞추는 것이다. 기업에 맞게 각색해두는 것이 심층적 준비라 할 수 있다.

1. 기업의 채용사이트를 통해 샅샅이 파악하기
2. 파악한 바를 그대로 키워드로 만들기

예를 들면 '은행 업무와 같은 경험과 경력이 있는가?' 라고 한다면 은행이라는 기업 특색에 맞는 '혁신' '정확' '신속'과 같은 키워드에 더 중점을 두는 것이다.

• 기색하기 전 글

저는 목표를 체계적으로 설정하여 어기지 않고 행동하는 사람입니다.


• 기색한 글

저는 정확한 업무와 신속한 처리를 위해 목표를 체계적으로 설정하여
행동하는 사람으로 혁신 인재의 역할을 하는 사람입니다.


## 템플릿을 이용하라


대부분 자기소개서 문항은 500~1,000자 정도의 분량 답변을 원한다.
물론 자기소개서 콘텐츠도 중요하다. 하지만 자기소개서는 '글'이기 때문
에 제일 먼저 읽히기 쉬워야 이해하기 쉽다는 점이 핵심이다. 읽히기 좋
은 템플릿을 만들어 두는 것도 나쁘지 않다. 어떻게 만드는 거냐고? 앞서
말했다시피 핵심 꿀팁을 지금 바로 나열해보겠다.


소제목 (촌철살인) -두괄식- 상황제시-문제 어려움-해결-결론 순대로
써라! 글로 가장 드라마틱하게 쓸 수 있는 꿀팁이다. 글만으로도 상상하
고 전개되는 스릴과 감동을 선사할 수 있다.

• 비닐하우스 라이프

7살 때 저희 집은 비닐하우스였습니다. 그때의 추위와 더위 기억하기도 싫습니다. 일을 하러 간 엄마 아빠 대신 할머니와 지내며 매일 밤 엄마 아빠가 보고 싶어 울던 그때 어린 저는 다짐했습니다. '가족을 지키는 사람이 되어야지' 그래서 지키는 것에 대한 로망이 있어 국방부 관련 종사자들을 보면 한없이 부럽고 멋져 보였습니다. 그리고 스무 살이 되던 해 가족을 지키는 것이 나라를 지키는 것이라 생각까지 더해져 군무원이라는 꿈이 확고해졌습니다. 저는 누구보다 지킴이라는 것을 몸소 느꼈습니다. 좋은 나라를 만드는데 제가 일조하는 것부터가 앞으로 저희 가족을 지키고 앞으로의 저의 가정을 지키는 일이라 생각합니다. 저는 군수직 군무원으로 누구보다 몸소 느꼈던 뜨거운 눈물을 기억하며 늘 감사한 마음으로 행동하고 수행할 군무원이 될 것입니다.

이런 순서의 템플릿을 만들어 두고 자기소개서를 쓴다면 당신의 자기소개서는 합격을 부를 가능성이 크다.

자기소개서를 바탕으로 면접이 이루어진다. 자기소개서는 면접의 바탕과 기둥이 되는 것이라 함부로 써서는 안 된다. 면접까지 그림을 그려 두고 크고 넓게 보고 써야 한다.

설마 이렇게 썼는데도 자기소개서 첨삭으로 돈 쓰는 건 아니겠지? 의심하지 않겠다. 당신은 충분한 인재니까!

# 2장

·

## 쫄지 마:: 면접 편

· · ·

# 01

# 쫄지 마, 면접!

## 쫄지 마, 면접

쫄아서 좋은 것은 김치 짜글이뿐이다. 김치 짜글이는 쫄여야만 제 맛이니까. 그 외에 쫄아서 좋을 것은 없다. 면접에서 쫄아 있는 건 더더욱 좋지 않다. 아니 낭패다. 스피치 교육을 하다 보니 발표 분위기에 위축, 자존심에 위축, 자존감에 위축, 상대에게 위축 등 많은 위축된 사람들을 만난다. 여러 형태의 위축된 수강생을 교육하다 보니 안타까운 마음이 크다. 위축의 요인들이 미워졌다. 그래서 위축에서 강해지라는 의미로 조금 더 센 단어를 사용해 학생들에게 말해준다. "쫄지 마!"

일단 면접을 잘 보려면 면접관의 질의에 맞는 적당한 응답, 이미지 메이킹, 신뢰감 가는 목소리가 필요하다. 하지만 면접에서 쫄아 있으면 신뢰감 가는 목소리는 나오지 않고 당당한 이미지도 나오지 않는다. 제아무리 질의응답 설계가 뛰어나고 자기소개서를 천재성 돋보이게 썼다 하더라도 아무 소용없다. 그러니까 면접 볼 때 쫄지 않는 마음부터 가져야 한다. 사람이 된다, 된다 해야 되는 법이다. 안 된다, 안 된다 하면서 되는 경우는 정말 잘 없다. 면접은 어떤 사람이든 긴장이 되는 법이다. 왜? 결과를 가지고 오니까. 어느 정도의 긴장은 정신을 바짝 들게 하니 좋게 해석해도 좋다. 그러나 긴장을 위축으로 만들면 안 된다. 그러니 더 이상 면접의 긴장을 위축으로 끌고 가지 않기를 바란다. 당신이 면접을 끌고 합격까지 갈 것인가? 아니면 면접에 끌려 결과를 기다릴 것인가? 이제는 면접에 끌려다니지 말자. 이 글을 읽고 공감하고 있는 당신은 이제 끌려다니는 것을 멈추고 합격을 만들어 끌고 가는 사람이 될 것이다. 이 방법에 주목하라!

## 당신이 쫄고 있는 이유를 알아야 한다

긴장되고 두렵고 위축되는 쫄고 있는 당신의 모습은 '난 못해' '내가 잘할 수 있을까?'라는 생각과 의심이 중심이 된다. 그 의심과 생각이 더 커져서 당신이 끌려가고 있는 것이다.

센터에서 코칭을 하다 보면 거의 90%가 제 생각에 끌려가고 있는 모습을 본다. 그래서 끌려가지 마라! 라고 이야기를 하면 어떻게 안 끌려가냐고 묻는다. 그 물음에 답할 것이니 집중하면 좋겠다.

처음 보는 면접에 대한 알 수 없는 두려움과 여러 번 면접에 실패하다 보면 스스로에게 실망감을 갖게 될 것이다. 그 두려움과 실망감이 내 두 눈을 가리고 내 이성의 뇌를 마비시켜버려서 우리를 끌고 다닌다. 그러니 면접에 끌려다니는 사람이 되는 것이다. 외부적으로 결과가 빨리 나오지 못하고 두려움을 느낄 때 활용할 수 있는 방법을 알기 전에 제일 먼저 알아야 하는 것은 '캠프파이어 이론'이라는 것이다. 캠프파이어 이론은 감정이론이다. 감정이 캠프파이어 이론에 따라 움직이기 때문이다.

캠프파이어의 꽃은 모닥불이다. 모닥불을 피우려면 불에 마른 장작을 지속해서 넣어 불이 꺼지지 않도록 해야 한다. 잠깐 한눈을 팔고 불을 넣지 않으면 불은 꺼지고 만다. 불이 꺼진 캠프파이어 분위기는 어떨까? 망한 것이다. 우리 감정 또한 똑같다. 지속적으로 마른 장작을 넣어 불씨를 키우듯 감정도 지속적으로 느끼게 해야만 그 감정을 지속한다. 만약 사랑이 넘치고 싶은 사람이 되고자 사랑의 감정을 키우고 싶다면 사랑한다는 말을 지속적으로 말하고 들어야 한다. 이처럼 내가 면접에서 합격하고 싶다면 합격할 수 있다는 감정부터 모닥불에 장작을 넣듯 합격 감정을 만들어야 한다. 내가 합격하고 싶은 기업에, 학교에, 직급에 맞춘 감정만 만들어야 하는 것이다. 더 이상 두려움과 면접에서 떨어질지 모른다는 불안한 감정에 사로잡히면 안 된다. 스스로 만든 감정에 집중하기도 바쁜 시간이다. 내가 원하는 자리에 가고 싶다면 어떤 감정이 필요할까?에 집중하는 것이 방법이다. 감정이 행동을 만들고 행동이 결과를 만든다는 건 대부분 알고 있을 것이다. 그러니 내가 원하는 자리에 원하는 사람이 되기 위해서 어떤 감정을 만들어갈지에 집중하는 것이다.

## 쫄지 않기로 약속해요 미션지

◆이 두려움은 어디서 나오는 것인가?

1.

2.

3.

_____

_____

_____

_____


◆지금 나에게 필요한 감정은 무엇일까?


1.

_____

_____

_____

_____

_____


2.

_____

_____

_____

_____

_____

3.

_____

_____

_____

_____

◆나를 합격시키는 모닥불 장작의 말

_____

_____

_____

_____

_____

_____

_____

_____

_____

_____

※ 캠프파이어의 이론을 바탕으로 합격까지 지속합시다.

## 02
# 면접 오금

## 五禁, 다섯 오 금할 금

'돌다리도 두들겨 보고 건너라'라는 옛 속담은 확실한 일이라도 다시 한번 확인하고 조심하란 뜻이다. '잘 알고 있다' '쉬운 일이다' '걱정할 필요 없다'라는 작은 방심이 큰 사고를 가지고 올 수 있다. 때문에 무슨 일이든 깊이 생각하고 신중하게 행동해야 안전하고 실패가 없는 법이다. 돌다리도 두들겨보고 건너라와 같이 면접도 유형별로 절대 금물인 실수 다섯 가지만 제대로 알고 가면 실패는 없을 것이다.

# 유형별 면접 실수

## 다차원 면접

〈전지적 참견 시점〉이라는 방송 프로그램을 생각하면 된다. 이 프로그램은 전지적 3인칭 시점으로 등장인물의 행동과 태도를 분석하고 설명하며 이야기를 끌어간다.

다차원 면접은 위 프로그램과 같은 방식으로 이루어진다고 보면 된다. 지원자는 여러 장소를 이곳저곳 옮겨다니며 다양한 상황을 연출한다. 그때 지원자의 말과 행동을 면접관이 관찰하는 방식이다. 적극성과 추진력, 상황 대처 능력을 판단하는 것이다.

이때 금해야 할 실수는 '면접 중이다'를 망각하는 행동이다. 놀이공원이나 식당 등 다양한 분위기 속에서 '우리끼리 하는 말이니 편안하게 해보자'라는 말에 자신의 단점이나 자신이 겪었던 사례를 진짜 편안하게 말해서는 안 된다. 편안하게 말을 하면서 자신의 좋지 않은 어감, 단점 등을 쉽게 꺼낼 수 있기 때문이다.

## 압박 면접

압박을 통해 당신의 감정 통제력, 인내심, 판단력, 상황대처 능력을 평가하는 것이다. 면접관이 작정하고 단점, 약점, 공격점을 찾아 벼랑 끝으로 몰고 가는 느낌을 받게 될 것이다.

이때 금해야 할 실수는 감정을 그대로 드러내는 것이다. 화를 낸다든지 당황한 표정을 하거나 말을 더듬으면 안 된다. 오히려 면접관의 말 속도에 맞춰 여유가 있는 표정으로 이야기하면 된다. 단점을 장점을 바꾸는 부메랑 화법을 이용해 말을 하면 된다. 압박 면접은 의도된 상황이기 때문에 기분 나빠하거나 자존심이 상할 필요가 없다. 그 상황 속에서 당신의 기량을 보려 하는 것이니 더 뽐내면 된다.

**예시** **부메랑화법**

- **면접관**

Q. 한 가지만 아는 것이 단점이라고는 생각 안 하시나요?

- **취준생**

A. 한 가지만 아는 것이 단점이라고 할 수 있습니다. 하지만 저는 한 가지만 알아 전문성을 더 갖추어 기량을 발휘 한 적이 많기에 단점이라고 생각하기보다는 장점이라고 생각합니다.

## 프레젠테이션 면접

회사와 관련된 시사, 프로젝트, 직렬 상황 능력 등 의견을 발표하는 내용으로 면접이 이루어진다. 이때 대개의 사람이 집중하는 것이 프레젠테이션의 내용과 구성이다. 내용과 구성에만 집중하는 것이 가장 큰 실수이다. 프레젠테이션 면접은 내용과 구성보다는 쇼맨십이 더 중요하다. 발표자의 자세 제스처가 프레젠테이션의 꽃이다. 내용이 잘 떠오르지 않는다고 해서 정확하지 않다는 이유로 자세와 제스처 등 면접관에게 보이는 모습이 흔들려서는 절대 안 된다. 정확하지 않을 때일수록 면접관을 향해 쇼맨십을 보여야 한다. 눈을 마주치고 자신이 있게 웃으며 고개를 숙여 인사를 한다. 핵심 단어를 중심으로 발표를 전개하면 된다. 파워포인트 한 페이지를 가득 적어 그것을 줄줄이 읽는 것보다는 5가지 중점을 정하여 요약 내용으로 적는 것이 좋다.

### 심층 면접

면접관 3~5명이 지원자 한 사람을 두고 집중적으로 오랜 시간 면접을 보는 것이 심층 면접이다.

대개 질문 하나를 던져 꼬리에 꼬리를 무는 꼬리 질문으로 시간을 보내게 된다. 기본 인성 문제로 시작하여 조직, 직렬까지 모조리 꺼내 본다.

이때 많이 하는 실수는 거짓말을 하는 것이다. 물론 거짓말이 선의 거짓말이겠지만 거짓말로 꼬리에 꼬리를 물다 보면 결국 들통이 난다. 거짓말을 하다 보면 여러 가지 의견과 성향이 나오고 결국 당신의 캐릭터는 없어진다. 아니 어쩌면 '1인 13캐릭'이 될 수도 있다. 1인 1캐릭으로 구축하여 한결같고 확실한 면접이 될 수 있도록 노력해야 한다.

### 집단 토론

4명 이상의 다수 지원자가 모여 특정 주제를 놓고 토의하는 과정을 면접관이 관찰하여 평가하는 면접이다. 실수하면 안 되는 것은 지나친 감정적 경쟁을 해서는 안 된다는 것이다. 다른 지원자를 강하게 압박하여 눌러버리거나 말에 끼어드는 것을 절대 금한다. 집단 토론은 말에서 이기느냐 안 이기느냐보다는 논리력과 사고력, 의사소통, 조합능력과 리더십을 평가하기 위한 면접이기 때문에 경쟁을 하기보다는 사고력, 의사소통, 조합능력 그리고 이끌어가고 들어주는 리더십 중심의 태도를 보여주는 것이 좋다.

면접의 오금만 조심하고 또 조심해도 면접의 합격률은 높아진다.

## 03

---

# 거짓말 피셜

## 인사 담당자 피셜

취업난이 이어지고 있다. 특히 코로나19로 비대면이란 시대적 난관에 취업의 문턱이 점점 높아지고 있다. 잘 다니던 직장이 하루아침에 문을 닫고 실직자가 되는 사람도 허다하다. 시대적으로 비추어봤을 때 앞으로 더 많이 힘들어진다고 한다. 그렇다면 우리는 어떻게 해야 할까? "지금 지원하는 이곳이 처음이자 마지막입니다" "월급보다는 가치를 더욱 더 생각합니다"라고 거짓말이라도 하여 취직하고 싶을 것이다. 당신의 간절함은 알겠다. 하지만 안타깝게도 인사 담당자들도 알고 있다. 너무 뻔하고 뻔해서 당신이 어떠한 대답을 할지, 듣지 않아도 말할 수 있을 정도라고 한다.

1. 사적인 약속보단 회사를 생각해서 야근을 선택하겠습니다.

2. 처음이자 마지막 회사입니다.

3. 허드렛일도 회사의 일이라 생각하고 열심히 하겠습니다.

4. 업무 경험이 뛰어납니다.

5. 월급보다 일하는 가치에 더 중점을 두겠습니다.


인사 담당자 피셜이다. 지원자 10명 중 7명이 거짓말을 하고 있다고 한다. 짧은 시간 나 자신을 표현해야 하는 면접 장소, 그리고 지원 경쟁자들을 이기기 위한 선의의 거짓말이라고 한다지만 인사 담당자들은 '경험에 빗대어 자신의 능력을 과대 포장한다'라고 이야기한다. 절대 그래서는 안 된다. 경험을 능력보다 지나치게 과대포장 한 면접자가 꼬리 질문을 받으면 거짓말인 것이 쉽게 탄로가 난다. 그리고 평가에 더더욱 악영향을 끼친다. 물론 점점 얼어붙는 취업시장에서 살아남기 위해 구직자는 어떠한 말이든 역량을 크게 부풀려서라도 취업을 하고 싶어 한다. 그 마음은 충분히 알고 있다. 기도해주고 싶다. 하지만 괜한 거짓말로 불이익을 받고 취업을 못해 자신감과 자존감이 바닥을 치는 것보다는 솔직한 것이 낫다. 거짓말을 하기보다는 능력이 없다면 열정이라도 어필하면 되니까 너무 걱정하지 말자.

## 인사 담당자도 거짓말을 한다?

구직자로서 거짓말한 적이 있어서 지금 양심에 콕콕 찔려하고 있는가? 콕콕 찔리고 있는 것은 인사 담당자들도 마찬가지다. 인사 담당자들 또한 구직자들처럼 거짓말을 한다.

1. 좋은 결과 있으실 것
2. 가족 같은 분위기
3. 연봉협의 가능
4. 야근 강요 안 한다
5. 인상이 좋으시네요
6. 연락드리겠습니다

인사 담당자들은 왜 거짓말을 할까? '지원자의 긴장을 풀어주기 위해', '회사의 이미지 때문에', '딱히 할 말이 없어서'의 이유가 대부분이다.

## 철벽을 뚫어라

구직자도 인사 담당자도 서로 철벽 방어를 하고 있다. 방어만 하고 있으면 발전이 없다. 구직자가 먼저 철벽을 뚫어야 한다. 철벽을 뚫는 기술은 하나밖에 없다. 어떻게 철벽이 뚫을 수 있는지 본인이 깨우쳐야 한다. 거짓말을 하지 않고 철벽을 뚫는 자! 지원한 그 자리의 주인공이 될 것이다.

## 04

# 착!붙! 마인드

## 마인드도 전략이다!

착!하고 붙!고 싶은 당신의 마음 상태는 어떠한가? 지금 이 책에 면접에 대한 기술을 최대한 많이, 최고의 효율을 높일 수 있도록 쓰고 있지만 마인드가 없으면 꽝이다. 학생들에게 면접 코칭을 할 때 코칭의 50%는 마인드를 이끄는 데 집중한다. 그리고 마인드를 이끌기 위해 함께 하는 것이 있다. 게시판을 통해 미리 합격을 예상하며, 학생들의 마인드에 맞추는 일을 하기 위해 자기 전에 게시판에 글을 쓰는 것이다. 덕분에 강사들도 마인드에 힘이 생기고 성장하고 있다.

면접이라는 두 글자의 압박은 굉장히 심할 것이다. 매일 머리에 면접장에 앉아 있는 자신을 생각하면 괜스레 떨리고 힘들어질 것이다. 아무리 명강사가 수업을 하더라도 압박을 받고 있다면 수업을 받는 것이 아니라 수업 또한 압박처럼 느껴지기에 수업의 효율이 떨어진다.

세계 최고의 명문 대학 하버드 대학교는 최고의 경쟁을 한다. 최고의 인재들이 모여 거기서 또 경쟁하여 최고를 가려내는 경쟁의 연속이다. 그렇게 겪는 극심한 경쟁이라 그런지 '스트레스가 가장 심한 대학' 1위에 선정되기도 했다. 이에 하버드 대학교에서는 진정한 성공과 행복을 얻기 위해서는 꼭 필요한 것이 행복 수업이라고 말한다. 하버드대는 미국 최초 심리 연구를 시작한 대학이기도 하다. 그래서 행복과 심리를 연결 지어 삶에 적용하는 적용의 기술을 만들고 구체적 실천 방법까지 전달하고 있다.

## 착붙 마인드 실전

### 1. 감사 일기

오늘을 최고의 날이 되기 위해서 쓰는 것이다. 감사로 넘쳐나는 하루라면 행복하지 않을 수가 없다. 감사일기를 쓸게 없어도 몇 가지 끄적이다 보면 파도처럼 감사가 계속 밀려오는 순간이 자주 온다.

### 2. 요일 행동

요일마다 친절한 행동을 만들어 실천해보는 것이다. 매일 친절이 가득해지고 그로 인해 저절로 기분이 좋아지고 행복해진다.

### 3. 경청

상대의 이야기를 가로막고 내가 많이 말하기보다는 지그시 상대의 눈을 쳐다보며 경청하는 것이다. 경청으로 나의 그릇의 크기가 넓어지고 단단해짐을 느낄 것이다. 그릇의 크기만큼 담을 수 있는 것이 많아진다.

### 4. 마인드 호흡

복식호흡(숨을 마실 때 배가 볼록해지고 내쉴 때 배가 홀쭉해지는 호흡)을 하면서 일렁이는 마음을 가라앉힌다. 호흡에 집중하다 보면 놀랍게도 가라앉는 감정을 느끼게 될 것이다.

### 5. 바라는 나의 모습을 그대로 상상하기

우리의 잠재의식은 상상하는 대로 움직인다. 놀라울 정도다. 내가 원하는 나의 모습을 그리고 진짜보다 더 진짜처럼 상상하라. 상상하다 보면 좋은 감정이 생기고 좋은 감정은 좋은 기분을 만든다. 좋은 기분은 당신을 좋게 행동하게 되고 좋은 행동은 좋은 결과를 만들 것이니까!

대한민국은 OECD 회원국 중 자살률 1위를 고수하고 있다. 스트레스 안전 국가가 아니라는 말이며 이는 곧 우리의 삶의 질을 보여준다. 슬프고 안타까운 일이다. 거기에 코로나블루와 같은 재난 사태, 국가 경제적 위기 속 더 불행해지는 사회, 그 안에서 우리는 마인드 전략으로 행복하게 살 수 있고 좋은 결과로 불황 속 호황으로 삶을 살아갈 수 있다. 그뿐인가? 행복을 전하는 영향력 또한 갖추는 걸? 혹시나 이 글을 읽고 실천하여 착! 하고 붙는다면 후기를 적어주길 바란다. 당신의 글이 누군가에게 최고의 마인드 선물이 될 수 있으니까!

# 3장

·

쫄지 마 :: 테크닉 편

·
·
·
·

# 기본만 지켜도 90% 합격

## 면접에서의 가장 기본 인성

면접에서의 가장 기본은 인성면접이다. 인성면접은 기본이기도하지만 그만큼 중요도가 높은 면접이다. 특히 인성면접은 주로 임원면접이나 면접의 최종단계에서 가장 많이 진행된다.

인성면접은 직무면접과 다르게 면접 평가 질문이 정해져 있지 않은 비정형화된 면접 방식으로 이루어져 있다. 그렇다고 해서 면접의 평가 요소가 바뀌지는 않는다. 면접의 평가 요소는 변동이 없지만, 이 기준에 맞는 질문을 할 때는 면접 지원자 개개인에 맞춰 다양하게 질문을 한다.

면접관은 지원자들의 이력과 지원하는 직무, 또는 직무 관련 경험에 따라 수천수만 개의 면접 질문을 만들 수 있다. 이 면접 질문은 자기소개서 혹은 지원자의 답변 내용에 따라 새로운 질문의 유형이 만들어지기도 한다. 가장 기본이 되는 만큼 지원자의 인성과 성품을 보는 것이기 때문에 가장 어렵기도 하다. 이러한 면접 과정에서 지원자들이 가장 중요하게 생각해야 할 것은 바로 면접관과 지원자의 면접내용이다. 인성면접은 지원자가 일방적으로 발표하는 것이 아닌 면접관과의 대화와 소통을 통해 이루어져야 한다.


## 면접 알고 간다면 이길 수 있다

지피지기면 백전백승! 그를 알고 나를 알면 백번 싸워도 백 번을 이길 수 있다는 말이다. 면접에서도 마찬가지이다. 기업을 알고 나를 안다면 면접에서 승리할 수 있다.

예를 들어 보자. 소개팅에서 마음에 드는 상대를 만났다. 당신은 그 상대방의 마음에 들고 싶어서 평소 하지 않던 말들을 쏟아낼 것이다. 또한 상대방이 어떤 사람을 좋아하는지 어떤 스타일을 선호하는지, 그 사람의 계획까지 알고 싶어 할 것이다. 면접을 소개팅이라 생각해 보자. 기업 즉 면접관은 나의 소개팅 상대다. 하지만 나는 좀 더 유리한 조건에서 소개팅을 이어갈 수 있다. 소개팅에서는 주선자의 정보에 의존해 가지만 기업은 홈페이지를 이용해 인재상, 사업목표, 슬로건, 추구하는 가치 등 모든 것을 엿볼 수 있다. 회사의 홈페이지에 들어가서 A부터 Z까지 세세하게 모든 것을 파고들어 보자. 만약 회사에서 추구하는 가치가 도전정신이라면 진취적이고 유연한 사고의 변화를 추구하는 답변을 준비하는 것이다. 또한 가치관이 전문인이라면 자기 분야에서 최고의 전문 능력을 보여줄 수 있다고 준비해보자.

이렇게 모든 준비를 마친 후 '나는 너의 모든 것을 다 준비해서 왔어'라는 마음가짐으로 어떤 질문에도 대답할 자세를 갖췄다면, 회사에서 주는 간단명료한 예상 질문과 답변에 대비하는 것보다 자신감을 갖게 될 것이다. 누구보다 많은 준비를 했다는 자신감과 나에 대한 안심에서 나오는 태도가 면접에서 시각적 자신감으로 비치며 이기는 요인이 될 수 있다.


홈페이지에서 회사를 잘 알아보았다면 이제는 중요한 나를 알아보자. 내가 어떤 사람인지 파악하고 알고 있어야 회사에 부합하는 인재상인지 보다 더 설득력 있게 보여 줄 수 있다. 회사에서 전문인을 가치관으로 세우고 있다면 내가 전문인이라는 것을 보여주는 것부터 시작해야 한다. 그리고 그 시작은 나부터, 누구보다 전문적인 인재라는 것부터 시작되는 것이다. 이 직무에 부합하는 인재가 되기 위해 그동안의 직무 경험 혹은 그에 관련된 자격증 취득 과정을 이야기하는 것이다. 면접은 나를 돌아보는 일련의 과정들이다. 부모님이 내게 가장 강조하셨던 덕목은 무엇이었는지, 나의 성격의 장단점 혹은 내가 책임감을 발휘했던 경험을 준비하려면 나를 돌아보는 시간이 필요하다.

제대로 된 준비 없이 면접장에 들어간다면 결국 내 이야기가 아닌 남의 이야기만 두서 없이 늘어놓거나 혹은 달달 외워둔 이야기가 생각이 나지 않아 바닥과 천장을 번갈아 보고 나올 것이다. 면접의 재료는 나의 이야기이다. 재료가 내 것이 아니라면 그 음식 맛은 내 맛도 네 맛도 아닌 것이 된다. 누누이 이야기하지만, 면접은 내 얘기를 타인에게 들려주는 것이다. 처음 얼굴을 보고 내 이야기를 하는 과정에서 적을 알고 나를 안다면 면접의 합격은 명확해질 것이다. 명확한 합격에서 자신감을 보이는 지원자는 당연히 다른 지원자들에 비해 눈에 띄게 될 것이고 면접에서도 이길 것이다.

면접과 소개팅이 결코 같을 수는 없다. 하지만 그 사람에게 나를 어필하고 마음에 들 수 있도록 시각과 청각을 만족시킬 수 있는 부분에서는 같다고 할 수 있다. 위와 같이 면접을 준비하기 전, 회사와 나를 파악하고 면접에 대하는 자세만 지키더라도 면접에서 이길 수 있는 승산이 있다. 면접, 이제는 괴로운 것이 아닌 이기는 면접으로 준비하고 즐겨보자.

# 02
# 인사이트 테크닉

## 노아의 방주를 만들어라

종교가 있는 사람이나 없는 사람이나 혹은 기독교이거나 불교이거나, 누구나 한 번쯤은 '노아의 방주'에 대해 들어봤을 것이다. 노아는 신의 계시에 따라 커다란 방주를 만들어 대홍수에서 살아남은 성경에 나오는 인물이다. 신은 노아에게 방주를 만들 것을 계시하고 방주를 만드는 자세한 순서와 치수에 대해서 알려주었다. 노아는 주변 사람들의 만류에도 오직 신의 말에 따라 방주를 완성했다. 방주를 완성하자 신은 노아에게 가족을 데리고 배에 들어가고 들짐승과 날짐승 한 쌍씩을 방주에 태우도록 하였다. 그 후 노아에게 이레 후에 대홍수가 일어날 것이라고 예언하였다. 노아는 방주를 만들 때 주변의 만류에도 오로지 게시에 따라 방주 만드는 것을 멈추지 않았다. 우리는 노아처럼 방주를 만들어 더 새로운 삶을 살게 될지 혹은 주변 사람들의 말에 현혹되어 옳고 그름을 따지다 면접일이 다가올지는 지원자의 선택에 달렸다. 그 선택에 따라 당신의 합격이 달라질 수 있다.

우리는 정보가 쏟아지는 사회에 살고 있다. 초록창 혹은 구박사(구글 애칭)에서 찾아본다면 면접의 유형, 질문에 대한 많은 정보가 있다. 하지만 이제는 이 정보를 어떻게 활용할지 어떻게 하면 노아처럼 방주를 만들지 결정하는 것이다. 저자가 면접 코칭을 하다 보면 한 번쯤은 "선생님이 써주신 자기소개서는 1분 자기소개가 아니래요"라고 말을 하며 당황해하는 수강생들이 있다. 면접을 준비하는 지원자의 마음은 누구보다 다급하고 간절함이 있기에 주변 사람들의 말에 귀를 기울이다 갈팡질팡하며 갈 길을 헤맨다. 이럴 때마다 나는 수강생에게 '한 가지만 선택하라'라고 알려준다. 사공이 많으면 배가 산으로 가듯 면접을 코칭하는 강사들마다 성향이 다르고 코칭 방법이 다르다. 이제 선택하자. 노아가 될 것인지 주변의 말에 현혹되어 갈 길을 못 찾고 헤맬 것인지 선택하자.

## 쏟아지는 면접 정보들

면접을 준비하는 사람들이라면 누구나 책상에 앉아 PC나 휴대폰에서 면접 정보를 찾아 헤매어 보았을 것이다. 나 역시 그럴 때가 있었다. 스피치 강사가 되어 면접 스피치를 배울 때가 생각난다. 정보를 찾는 방법들을 몰라 온종일 책상에 앉아 컴퓨터를 째려보며 한숨을 쉬었던 그 날이 생각나 가끔 면접 준비를 하는 지원자들을 보면 누구보다 공감이 가고 마음이 간다. 그때 당시 면접 정보를 찾지 못해 바보 같다는 생각이 들었지만 자신 있게 내 생각을 트링클스피치 원장님께 전달했다. "원장님 혹시 제가 사용하는 컴퓨터와 대표님이 사용하는 컴퓨터가 다른가요?" "제가 찾으면 안 나오는 정보들이 원장님이 찾으시면 나오는 이유가 뭘까요?" 라는 황당한 질문을 던졌다.

다양한 면접 정보들이 쏟아지지만, 그 정보를 얻는 것은 찾는 방법에 따라 달라진다. 대표적으로 면접 정보를 찾아볼 수 있는 사이트는 잡코리아, 잡플래닛, 잡플랙스, 사람인에서 찾아본다면 그 정보가 무궁무진하다.

취업 준비생의 입장에서 생각해 본다면 채용정보를 생각할 것이다. 새로운 채용정보를 보기 위해서는 잡코리아, 사람인에서 가장 많은 정보를 볼 수 있다. 자신에게 맞는 직무에서 지역까지 모든 채용정보를 한눈에 보기 좋게 되어있고, 기업, 분야, 직원별 연봉까지 모든 정보를 제공한다. 또한 기업에서 최고 경영자, 간부 등 전문 인력을 확보하여 기업에 소개해 주는 헤드헌팅정보도 볼 수 있다. 채용정보를 한눈에 보았다면 이제 실전면접을 준비할 때이다. 시각, 청각이 모두를 만족한 면접 준비가 끝난다면 다음은 질문과 그 질문에 대한 답변을 준비하는 것이다. 면접 질문은 인성질문, 직무역량, 경험, 가치관, 직업관 및 회사에 대한 관심도를 알아보는 면접으로 구성되어 있다. 또한 상황을 주고 그 상황에 대처하는 능력, 공격형, 돌발형 질문으로 나뉘어 질문을 하기 때문에 모든 부분에서 다양한 면접 질문을 찾아보고 준비해야 한다.

제일 먼저 인·적성 면접 질문, 면접 후기까지 한눈에 보기 좋은 사이트는 잡코리아다. 인·적성 면접에 접속해 보면 지원하고자 하는 기업의 인·적성 면접 질문부터 후기까지 손쉽게 찾아볼 수 있다.

다음으로는 시대가 바뀐 만큼 대중화되어있는 AI 면접이다. AI를 준비하는 취업 준비생이라면 잡코리아 또는 잡플랙스에 나와 있는 무료 체험을 사용한다면 면접 연습부터 전문가의 코칭도 받아 볼 수 있다. AI 면접은 대변 면접과 달리 더 많은 준비가 필요하다.

AI 면접 연습을 통해 프레임 전체 시선 처리가 안정적인지 테스트한다. 또한 머리의 움직임이 산만한 편이지 확인하고 목소리의 크기를 보고 면접 영상에서 부정적인 표정이 많은지 테스트 해 보자.

취업 준비과정에서는 신경 써야 할 것들이 한두 개가 아니다. 대면과 비대면으로 면접 질문을 준비하고 난 후에도 매일 새롭게 생겨나는 시사, 이슈를 파악해 그 시점의 트렌드를 읽어내야 한다. 시사 이슈의 최신 정보는 매일 보는 신문도 중요하지만 바쁜 시기에 살아가는 우리 취업 준비생들은 잡코리아의 취업뉴스를 확인해보는 것을 추천한다.

# 03
# '대면이었나' 착각하는 비대면 테크닉

## 채용시장에서 가장 관심을 두는 언택트 면접

"축하드립니다. 귀하는 당사의 서류 전형에 합격하셨습니다. 면접은
비대면으로 진행되며 자세한 사항은 추후 메일로 안내…."

코로나 시대에 면접을 준비하는 사람이라면 한 번쯤 받아봤을 만한
문자이다. 저자가 이 책을 집필하면서 코로나19로 인해 팬데믹 시대가 왔
고 팬데믹으로 인해 사회적 경제적으로의 변화 이외에도 대기업, 금융권,
대입 면접에도 면접의 변화가 일어났다. 코로나 초창기에는 대부분의 면
접이 취소되고 채용이 연기되는 일이 일어났다. 하지만 그렇다고 해서 모

두 멈춰있지는 않았다. 멈춤의 시대에서 움직임이 일어났다. 면접이 AI 면접 혹은 비대면 면접으로 대체되는 움직임을 보여줬다. 언택트 면접은 기존 면접형식에서 벗어나 다른 환경에서 이루어지는 면접이다. 면접관과 지원자의 소통방식도 비대면인 만큼 그 형식에 맞춰 진행된다.

그렇다면 이제는 채용시장에 걸맞은 언택트 면접에 대비하는 방법에 대해 알아보자.


## 비대면 면접 준비 이렇게 한다면

### 〈비대면 화상 면접 준비 시 꼭 기억해야 할 10가지〉

#### 1. 낯설지만 익숙해지자

화면에 비치는 내 모습이 어색하겠지만 이제는 익숙해져야 한다. 요즘은 zoom, teams 같은 화상 프로그램을 사용하여 면접을 보는 기업이 늘고 있는 추세다. 면접 당일 zoom 수업에 가입하고 사용 방법을 몰라서 헤매는 태도는 올바르지 못하다. 사전에 가입하여 프로그램을 사용해 보고 화면에 비치는 내 모습에 익숙해져야 한다. 혼자 하기 힘들다면 면접 스터디에서 미리 다른 지원자들과 경험을 해보는 것도 좋다. 혹은 무료로 이용할 수 있는 화상 면접이 있으니 꼭 사용해 볼 것을 추천한다.

## 2. 지켜보고 있다. 배경에 신경 쓰자

비대면 영상은 내 모습을 보여주는 중요한 면접이다. 하지만 내 모습만큼 중요한 것은 주변 환경이다. 유튜브 크리에이터처럼 너무 편한 장소보다는 배경이 깔끔한 독립된 공간이 좋다.

하지만 정리되지 않은 자신의 방이나 카페처럼 개방적인 공간은 피해야 한다. 면접관들의 시선을 나에게만 맞춰질 수 있도록 지원자의 배경이 깨끗한 곳에서 면접을 준비하는 것이 좋다.

## 3. 비대면도 면접과 같다

대면 면접과 마찬가지로 비대면 면접, 즉 영상을 통해 면접을 보더라도 의상은 면접 의상을 준비해야 한다. 남자의 경우 정장 차림에 넥타이, 셔츠를 제대로 갖춰 입고 준비를 하고 여자의 경우에도 흰색 블라우스, 재킷을 제대로 갖춰 입어야 한다. 화상으로 보는 면접이지만 제대로 된 의상을 갖추고 면접을 봐야 한다는 것을 꼭 숙지하자.

## 4. 구구절절 사연을 이야기하지 말자

비대면 면접이라고 해서 앞뒤 없는 말을 하는 것은 금지이다. 오히려 디지털 음으로 대화를 하는 부분이기에 더 명확하게 스피치 화법을 이용해서 구체적인 전달을 하는 것이 좋다. 화상 면접이라고 해서 아무 준비없는 답변을 하는 것은 비대면 보다 더 마이너스 요인이 될 수 있다. 영상으로 보는 비대면 면접이기에 상대방 즉 면접관에게 집중하는 것이 힘들수도 있다. 그렇기 때문에 대면 면접과 마찬가지로 구체적으로 면접 질문에 답하는 것이 좋다. 비대면이라고 해서 길고 긴 지원자의 답변을 들어주지는 않는다.

### 5. 실제 목소리와 영상 목소리는 다르다

대면 면접에서 무려 38%를 차지하는 목소리는 비대면 영상이라고 해서 달라질 건 없다. 비대면 면접에서도 마찬가지로 영상에서의 목소리도 중요하다. 실제 대면을 하면서 듣는 목소리와 디지털 음은 차이가 있다. 학원에서도 면접 코칭을 하다 보면 디지털 음이 통통 튀는 지원자가 있어 목소리 톤을 조절해야 하는 경우가 있다. 표정 혹은 자세는 좋은데 목소리가 좋지 않다면 결국 비대면 면접에서 좋은 결과를 얻지 못할 수도 있다. 하지만 이것 한 가지만 기억하자. 말끝을 흐리지 말고 끝까지 정확한 목소리를 내어 면접에 임하도록 하자.

### 6. 잊지 말자! 조명발

잊지 말자 조명발! 영상 면접은 실제 대면하는 것과는 보이는 것에 차이가 크다. 우리가 집에서 영상을 보더라도 조명에 따라 상대방의 낯빛이 어두워 보이거나 혹은 아파 보일 수도 있다. 또는 너무 과한 조명으로 얼굴이 하얗게 들떠 보여 지원자의 얼굴을 보기가 힘들 수도 있다. 우리가 영상으로 비대면 면접을 준비할 때는 집에 있는 스탠드를 사용하여 조명의 역할을 하는 것도 좋다. 하지만 여기서 주의해야 할 점은 그림자가 생겨 어두워 보일 수도 있다는 것이다. 그러니 미리 테스트해 보는 것을 권한다.

## 7. 여유를 갖고 면접관과 대화 주고받기

화상 면접은 대면 면접과 달리 목소리가 충돌될 수도 있다. 면접관의 질문이 끝나고 난 뒤 2~3초 정도의 여유를 갖고 답변을 하는 것이 좋다.

2~3초의 쉼이 없이 그냥 하고 싶은 말만 했다가는 "아! 네 말씀하세요. "음""아"만 반복하다가 면접이 끝날 버릴 수도 있다. 비대면 면접의 가장 큰 장점은 대면 면접과 달리 면접관과 지원자의 틈이 생기기 때문에 그 틈을 이용해 침묵의 화법을 쓰는 것도 좋다.

여기서 잊지 않아야 할 것은 프로그램 음소거 기능을 꺼두지 않아야 한다는 것이다. 면접관과의 목소리 충돌을 염려해 프로그램 음소거 기능을 꺼둔다면 답변을 해야 할 순서가 되었을 때 음소거를 해제하지 않아 낭패를 보는 경우가 있기 때문이다.

## 8. 적절한 몸짓 언어를 사용하자

적절한 몸짓 언어를 사용해 보자. 비대면 영상에서 가장 중요한 것은 화면에 비치는 모습이다. 화면을 잘못 비추게 되어 얼굴만 크게 잡히거나 혹은 너무 멀리 비추어 지원자에게 집중하지 못하게 될 경우가 있다. 비대면 영상에서는 허리라인까지 비출 수 있게 각도를 맞춘다.

또한 손의 위치를 자연스럽게 무릎 위에 얹고 몸짓 언어를 사용하는 것이 좋다.

## 9. 표정 만수르 되기

일반적으로 대면 면접에서 면접관의 현장 반응이 좋았던 에피소드도 화상 면접에서는 표정과 제스처가 역동적으로 전달되지 않아 면접관의 반응이 없거나 좋지 않을 수도 있다. 화상 면접에서는 동작에 집중하기 어렵기 때문에 최대한 표정을 풍부하게 하고 또박또박 말하는 연습이 필요하다.

### 10. 끝날 때까지 끝난 게 아니다

면접을 준비하다 보면 실제 면접장에 가서 그 분위기를 느끼고 다른 지원자들과 대면하게 된다. 타 지원자의 질문에 답하는 스킬을 듣다 보면 본의 아니게 기가 죽고 더 긴장하게 되어 대답을 못 하는 경우가 종종 생긴다. 하지만 실제 대면하지 않는 화상 면접은 대면보다는 덜 긴장하는 경우가 있다. 대면 면접의 경우 면접이 끝나고 나올 때 끝까지 인사를 하고 나오게 코칭을 한다. 비대면 면접의 경우에는 면접관이 접속이 끝날 때까지 끝난 것이 아니다. 마지막까지 하고 싶은 말을 전달하고 면접관에게 인사를 하는 것이다. 우리나라는 동방예의지국이다. 어떤 상황에서도 인사를 잊지 않고 마무리를 장식하자. 또한 화상 면접에 익숙하지 않은 지원자들이 살아남기 위해 해야 하는 방법은 꼭 실제 화상 연습을 하는 것이다.

## 04
# AI가 놀라는 테크닉

## 처음 만나는 AI 면접관

인공지능(AI) 면접은 정해진 면접 시간 내에 지원자의 표정, 음성, 감정 상태 등을 AI가 실시간으로 분석하는 새로운 면접 방식이다. 사람과 직접 대면하는 면접과 다르게 마이크, 웹캠이 설치된 컴퓨터로 면접을 준비해야 하는데 지원자가 면접 영상을 통해 질문에 답하면 이를 AI가 실시간으로 분석하고 평가해 주는 시스템이다. 코로나19로 인해 대면을 최소화하고 비대면 면접을 시행하는 기업들이 많다. 하지만 AI 면접이 코로나로 인해 일시적으로 나타나는 현상은 아니다. 이미 외국의 많은 기업들은 AI로 면접을 시작하고 있었다. 미국처럼 국토가 큰 나라의 경우 면접을 보기 위해 넓은 지역을 이동한다는 것은 쉬운 일이 아니다. 그래서 그런 것인지 코로나19가 발생하기 이전부터 비대면 면접을 시행해 왔다.

AI면접을 경험해보지 못한 많은 취업 준비생에게 AI는 이미 공포의 대상이 되었고, 그런 취업준비생들을 대상으로 AI 면접만을 대비하는 학원이 등장하기도 하였다. 인공지능이 사람을 평가해서 면접을 본다는 것에 대한 반감이 생기는 동시에 어떻게 하면 더 높은 점수로 AI에게 대처할 것인지 생각해보자. 우리에게 생소하고 낯선, 처음 접하는 면접 방식이지만 이제는 우리가 인공지능을 놀라게 할 면접을 준비해야 한다.

AI 면접은 첫째 인성검사 요소, 두 번째 적성검사 요소, 세 번째 호감도 평가이다.

첫 번째 인성검사의 핵심 척도는 역량이다. AI 면접은 공통질문(인성, 상황대처, 취향추론), 역량 분석(전략 게임), 심층 대화 총 3단계로 대략 1시간 30분 정도 진행된다. 면접이 시작되자마자 자기소개를 하라고 한 후 시작된 초침에 당황했다는 지원자들이 많다. AI 면접은 첫 단계에서의 답변 내용보다는 메러비안 차트와 마찬가지로 얼굴, 음성 인식을 통해서 지원자의 표정이나 음색을 평가하게 되기 때문에 당황하지 않고 차분하게 대처하는 능력을 보여주는 것이 가장 중요하다. 인성 검사 단계에서는 자신이 생각하는 이상적인 모습에 맞추어 대답하게 되어 진실성 척도에서 낮은 점수를 받게 될 수도 있으니 이 점을 유의해야 한다.

AI 면접에서 인성검사를 가장 중요시 하는 이유는 시행하는 면접 중 비중이 크기 때문이다. 실제 17개의 평가 척도 중 인성 면접이 10개를 차지하기 때문에 합격 당락을 좌우한다.

◆ 인성검사 역량

| 성과역량 | 관계역량 | 조직적합성 |
|---|---|---|
| 신뢰(긍정성, 자주성) | 대인 인식 | 안정성 |
| 가치(성실성, 정직성) | 수용성 | 부정성 |
| 열정(열정 강도, 열정 유지) | | |

AI 면접 두 번째 적성검사 단계에서는 전략게임이 대표적인 검사로 진행된다. 평가 요소 17개 중 4개의 적성검사로 점수를 결정짓는다. 각 게임에서 높은 점수를 받을수록 아래 표와 같이 점수가 올라간다. 이 적성검사 게임은 1990년대 적성검사에서 많이 활용되던 것으로 지금은 뇌게임 또는 게임 외적인 분야에서 문제해결, 지식 전달, 행동 및 관심을 유도하여 마케팅을 위한 단어로 사용한다.

◆ 전략 역량

| 전략 역량 | | | |
|---|---|---|---|
| 계획능력 | 추론능력 | 정보처리 | 행동제어 |

## ◆전략게임 5개의 유형

| 게임 유형 | 게임 방법 |
|---|---|
| 하노이의 탑 | 봉에 끼워진 5개의 원반을 순서대로 옮겨쌓기 |
| 얼굴 표정 맞추기 | 나타나는 얼굴 8개의 감정 상태 고르기<br>(기쁨, 슬픔, 무표정, 놀람, 두려움, 혐오, 경멸) |
| 색이름과 글자 색 맞추기 | 검정 파랑 ⇨ 일치, 초록 회색 ⇨ 불일치 |
| 공 옮기기 | 여러 개의 공을 무게 순서대로 배열<br>옮겨야 하는 공의 개수 증가<br>공이 단어로 바뀜 |
| N-back / Dual N back | 카드 모양 순서 기억하기<br>N번째 도형 기억하기 |

이 외에도 풍선게임, 방향 바꾸기 게임을 통해 추론능력, 계획능력, 정보처리 능력 등이 평가된다. 게임에서 많은 점수를 얻는지를 보는 것보다 여러 가지 업무가 주어지는 상황에서 어떻게 대처하는지를 평가하는 것이 가장 중요한 요소이다. 점수에 집착하기보다는 신속하게 체계적으로 게임을 진행하는 것에 더 집중하는 것이 좋다.

마지막으로 세 번째 호감도를 평가하는 요소이다. 평가 척도 17개 중 3개가 호감도를 결정한다. 호감도를 평가하는 것은 영상 면접으로 심층 면접 질문으로 진행이 된다. 앞서 진행했던 인성, 적성 면접을 토대로 지원자에게 맞춤형 질문을 제시한다. 마지막 심층 면접 질문에서는 기업의 호감도에 대해 질문하는 부분도 나오기 때문에 미리 기업에 대해 준비하고 면접에 임한다면 막힘없이 질문에 답할 것이다.

## ◆ 호감도 평가

| 호감도 평가 | |
|---|---|
| 매력 | AI가 표정을 센서로 감지해서 평가함으로 얼굴에 웃는 표정을 종종 지어줘야 한다. 웃을 때의 표정과 눈매를 감지한다. 또한 부정적 단어와 긍정적 단어를 사용하는 양을 체크한다. 따라서 부정적인 단어의 질문을 받더라고 긍정의 단어를 사용하여 답하는 것이 가장 좋다. |
| 의사 표현 | 의사 표현은 마이크의 음성 인식을 통해 판단하기 때문에 질문에 대한 답변은 또박또박 정확하게 답하는 것이 좋다. |
| 감정 전달 | 감정 전달은 목소리의 음색과 크기로 평가된다. 답변할 때는 떨지 말고 편안하게 목소리 톤에 높낮이를 주자. |

면접 중간 웃는 표정을 짓고 정확하고 또박또박 답하되, 신뢰감을 주는 목소리로 긍정적인 단어를 사용하여 전달하자.

4장

·

쫄지마‥면접 실전편

·
·
·

# 면접관의 고개를 끄게 하라

기본은 지키되 기본에서 벗어나라. 면접에서 기억해야 할 것은 메러비안 법칙이다. 많은 강사가 강요하고 있는 만큼 많이들 들어 보았을 것이다. 그만큼 집중해야 하는 것이 메러비안 법칙이다.

메러비안 법칙이란 시각적 요소 55%, 청각적 요소 38%, 내용적인 측면 7%를 의미하는 것으로, 의사소통에서 말의 내용 자체보다는 전달하는 방법인 비언어적 의사소통이 더 중요하다는 법칙이다. 메러비안 법칙은 설득, 협상, 스피치에서도 많이 사용되지만 면접에서 가장 많은 요소를 차지한다. 메러비안 법칙은 미국UCLA 명예교수인 엘버트 메러비안 심리학자가 자신의 저서인 『침묵의 메시지』에서 발표하면서 그의 이름을 딴 메러비안 법칙이 알려지게 되었다.

메러비안은 실험을 통해 이 법칙을 설명했다.

첫 번째 실험은 대화할 때 말을 전달하는 사람이 내용에 대한 메시지를 상대방에게 전달할 때 말의 의미와 목소리 즉, 음색이 얼마나 중요한지를 조사했다. 결과는 말 자체의 의미 즉 내용보다 목소리 음색이 훨씬 더 중요하다는 것으로 나타났다. 예를 들어 음색(목소리)을 낮추어 저음의 어투로 상대편에게 인사를 했더니 상대방은 저음의 어조로 인사를 했던 사람이 자신을 반기는 것이 아니라는 것을 바로 알아챘다는 것이다.

두 번째 실험은 음색과 표정 같은 비언어적 요소의 중요성을 조사하였다. 음색과 시각적으로 보이는 표정의 중요성이 3:2라는 결과가 나왔다. 예를 들어 대화하는 2인이 서로 관계에 문제가 없다고 말하면서 서로 눈빛을 피하고 얼굴에 불안한 기색을 보인다면 관계에 문제가 있다는 사실을 보여준다.

추후 이 두 가지 실험을 종합해 본 결과 사람 간의 의사소통에서 시각적 요소 55%, 청각적 요소 38%, 내용적인 측면은 7%를 차지하는 것으로 나왔다. 이 법칙만 알고 있다면 이제 면접 합격의 길은 더 가까워졌다는 것이다. 이처럼 메러비안 법칙은 면접을 조금이라도 준비했던 사람이라면 누구나 알고 있는 기본이기도 하다. 하지만 그만큼 이 기본을 지키지 못하고 지원자의 머릿속에서 지워지는 것도 면접이다.

면접에서 가장 기본이 되는 것은 첫 번째 시각적 이미지이다. 쉬운 예로 새 학기가 시작되어 배정받은 교실로 들어갔을 때 나를 생각해 보자. 분명 가장 먼저 했던 행동 중 한 가지는 교실 전체를 눈으로 스캔 후 친구들의 겉모습, 즉 내 눈으로 보이는 것으로 판단했다. 면접도 마찬가지이다. 면접관은 지원자를 처음 봤을 때 가장 먼저 했던 행동은 외모, 표정, 복장, 자세, 태도 등 시각적으로 보이는 외적인 모습을 본다. 지원자의 겉모습을 눈으로 보이는 것으로 면접관은 고개를 들고 경청을 하고 궁금해하기도 하고 때로는 고개를 떨구고 평가지에 집중하기도 한다. 우리가 '눈빛만 보아도 안다'라는 말처럼 눈으로 보이는 것은 가장 큰 요소를 차지한다. 저자가 코칭을 하면서 누누이 강조하는 이유가 이 때문이다.

시각적인 모습으로 판단이 끝났다면 그 후에는 듣는 것, 바로 청각이다. 시각적으로 보이는 지원자의 행동과 태도를 보았다면 이제는 지원자가 입을 열어 인사할 때 집중할 것이다.

면접관은 지원자의 음색, 억양, 발음, 어투 등을 듣고 지원자가 어떤 사람인지 판단을 한다. 생동감 있는 목소리, 신뢰감이 있는 목소리, 듣기 좋은 목소리를 내는 지원자는 면접관의 마음을 사로잡을 수 있을 것이다. 눈으로 보이는 '눈빛만 보아도 안다'처럼 '목소리만 들어도 안다'라는 말처럼 면접에서도 이 두 가지를 기억하자. 이 두 가지만 기억한다면 면접은 이제 당신에게 기회이다.

마지막으로 메러비안 법칙에서도 언급했듯이 의사소통 100%에서 7%를 차지하고 있는 내용이다.

면접 코칭을 찾는 지원자들의 99.9%는 하나같이 입을 모아 면접이 어렵다고 한다. 면접이 어려운 이유는 하나다. 면접관의 질문에 답을 어떻게 해야 할지 모르기 때문이다.

지원자 대부분은 질문의 답 내용 자체에 치중하고 거기에 얽매이기도 한다. 하지만 질문에 답하는 내용적인 측면은 초록창 혹은 구박사님(구글 애칭)에게 물어보기만 하더라도 탄탄한 답이 나오기도 한다. 지원자의 시각과 청각적인 모습이 탄탄하지 않다면 면접관은 내용을 들을 생각조차 하지 않는다는 것을 절대 잊지 않기를 바란다.

면접은 이처럼 아주 짧은 시간 나의 인성과 직무역량을 모두 보여줘야 한다. 우리 속담에 같은 말이라도 '아 다르고 어 다르다'라는 속담이 있듯이 말 한마디에 나의 모든 것을 실어 보여줘야 한다. 나는 평소 수강생을 코칭할 때 '나를 조금 더 예쁘게 포장하자'라는 말을 자주 한다. 같은 물건이라도 예쁜 포장지에 리본을 달아 놓은 물건과 날것으로 그냥 보이는 물건 중 무엇이 더 예쁘겠는가. 당연히 포장한 물건이다. 이렇듯 같은 말이라도 예쁘게 보기 좋게 포장을 해서 나를 보여준다면 다른 지원자와 달라 보이기에 면접관은 고개를 들고 당신에게 집중할 것이다.

# 02
# 믿음 가는 목소리면 한방에 합격이다

면접관이 지원자의 시각적(태도, 용모, 눈빛, 행동)으로 판단을 하고 나면 그 다음은 목소리이다. 목소리에는 자신감 의지를 담을 수 있다. 면접장에서는 크고 아나운서처럼 전문가의 목소리를 원하지 않는다. 단지 자신감이 느껴지는 에너지 있는 목소리를 원한다. 상담 전화를 받다 보면 저자는 상대방의 목소리에 귀를 기울인다. 면접이 처음이라 배워보고 싶다는 상담자들의 목소리에는 의지가 들리기도 하고 때로는 근심, 걱정이 한가득 담긴 목소리가 들리기 때문이다. 만약 목소리에 힘이 없고, 떨림이 심한 분이라면 연습을 통해서 얼마든지 바뀔 수 있다는 것을 명심해라.

목소리는 우리 몸의 근육과 같다. 처음 헬스장에 가서 5kg 아령을 들고 근육을 키울 때를 생각해 보자. 일주일이 지난 후에는 10kg을 들어도

팔다리가 후들거리지 않을 정도로 들 수 있을 것이다. 이처럼 목소리도 마찬가지이다. 꾸준한 연습을 통해서도 목소리가 변화할 수 있다. 자신감이 없고 힘이 부족한, 점점 작아지는 목소리를 흔히 기어들어가는 목소리를 낸다고 한다. 힘이 없는 목소리는 면접관으로 하여금 자신이 없다는 것을 잘 어필해 주는 격이 되어 버린다. 그렇다면 믿음 가는 목소리는 어떤 목소리일까? 당장 코앞에 놓인 면접에서 합격하기 위해 지금부터 거울을 꺼내 나의 목소리를 점검하자.

먼저 호흡을 하기 전 근육과 긴장을 풀어주는 준비운동을 시작해야한다. 앞서 말했던 내용처럼 목소리도 근육이기 때문에 운동 전 준비운동을 하고 시작하자. 정확한 호흡 연습으로 면접에서 믿음 가는 목소리를 만들어보자.

누구나 발표를 했던 기억은 날 것이다. 물론 긴장을 동반했던 발표를 말이다. 잘하고 싶어 호흡 깊은 곳까지 숨을 끌어 올려 내뱉었던 기억날 것이다. 그때 목소리가 안정되면서 떨리던 목소리가 진정되었던 경험이 있을 것이다. 이렇듯 호흡은 말하기 즉 목소리를 내는 것과 관련이 있다. 호흡에는 배를 움직여 숨을 쉬는 복식호흡과 가슴을 이용한 흉식호흡이 있다. 복식호흡은 입에서 배까지의 길이가 더 길기 때문에 호흡이 훨씬 더 깊고 공기를 많이 마실 수 있어 목소리에 힘이 생긴다. 그래서 아나운서나 성악가도 복식호흡을 사용한다.

이제 면접에 있어 믿음 가는 목소리 즉, 복식호흡을 배워보자. 제일 먼저 앞을 보고 다리를 어깨너비만큼 벌리고 서자. 그 후 배 위에 손을 얹고 내 배를 풍선이라고 생각하자. 먼저 내 배 속에 있는 숨을 모두 빼서 납작하게 만든 후 숨을 들이쉬어 배를 최대한 부풀어 오르게 한다. 숨을 내쉴 때는 입으로만 '후'하는 소리를 내고, 들이쉴 때는 코만을 이용해 숨을 들이마시며 뱃속에 공기를 채운다. 이렇게 4~5초 간 반복하며 내 배가 단단해져서 힘이 들어가는지 느껴보자.

### ◆ 복식호흡 하는법 배워보기

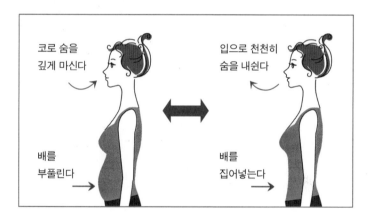

코로 숨을 깊게 마신다

입으로 천천히 숨을 내쉰다

배를 부풀린다

배를 집어넣는다

## 복식호흡 방법

1. 배 위에 손을 올리고 코로 천천히 숨을 마시면서 배가 볼록해지는 것을 느껴보자.
2. 들이마셨던 숨을 입으로 천천히 내뱉는다.

3. 배 속에 있는 공기가 모두 빠져나간다는 느낌으로 배가 단단해지는 것을 느껴보자.

복식호흡은 단순히 몇 번 반복한다고 해서 절대 익숙해지지 않는다. 코앞에 다가온 면접일, 거울을 보고 꾸준한 연습을 반복해야 나의 목소리에 힘을 실을 수 있다. 오늘부터 당장 연습에 돌입해보자.

**발음 연습표** (복식호흡을 이용해서 '후' 내뱉는 소리에 발음하세요)

| 가 | 갸 | 거 | 겨 | 고 | 교 | 구 | 규 | 그 | 기 |
|---|---|---|---|---|---|---|---|---|---|
| 나 | 냐 | 너 | 녀 | 노 | 뇨 | 누 | 뉴 | 느 | 니 |
| 다 | 댜 | 더 | 뎌 | 도 | 됴 | 두 | 듀 | 드 | 디 |
| 라 | 랴 | 러 | 려 | 로 | 료 | 루 | 류 | 르 | 리 |
| 마 | 먀 | 머 | 며 | 모 | 묘 | 무 | 뮤 | 므 | 미 |
| 바 | 뱌 | 버 | 벼 | 보 | 뵤 | 부 | 뷰 | 브 | 비 |
| 사 | 샤 | 서 | 셔 | 소 | 쇼 | 수 | 슈 | 스 | 시 |
| 아 | 야 | 어 | 여 | 오 | 요 | 우 | 유 | 으 | 이 |
| 자 | 쟈 | 저 | 져 | 조 | 죠 | 주 | 쥬 | 즈 | 지 |
| 차 | 챠 | 처 | 쳐 | 초 | 쵸 | 추 | 츄 | 츠 | 치 |
| 카 | 캬 | 커 | 켜 | 코 | 쿄 | 쿠 | 큐 | 크 | 키 |
| 타 | 탸 | 터 | 텨 | 토 | 툐 | 투 | 튜 | 트 | 티 |
| 파 | 퍄 | 퍼 | 펴 | 포 | 표 | 푸 | 퓨 | 프 | 피 |
| 하 | 햐 | 허 | 혀 | 호 | 효 | 후 | 휴 | 흐 | 히 |

# 03
## 면접 질문 응답 설계도

## 면접관의 귀에 쏙쏙 들어오는 결론 내기

우리가 그동안 면접에서 불합격했던 이유는 무엇일까? 면접은 이미 앞서 말했듯이 55%의 시각적 요소와 38%의 청각적 요소이다. 93%를 이미 잘 알고 있기에 여러분의 면접 합격은 이미 결정지어졌다. 이제 나머지 7% 내용을 잘 마무리 지어 무궁화 길을 걸어보자.

면접은 아주 특별한 대화이다. 제한된 장소와 시간 그리고 면접관들에게 나 자신을 어필하고 '제가 꼭 이 회사에 필요한 인재입니다' 라고 나를 알려야 하는 대화이다. 면접은 구구절절 나의 사연을 이야기하는 것이 아닌 면접관 질문의 의도에 따른 구체적인 답변을 해야 한다.

면접에서 질문에 대한 답으로 가장 중요한 것은 첫 번째 귀에 쏙쏙 들어오는 두괄식 답변이다. 즉, 면접관의 질문에 결론부터 내라는 것이다. 면접은 지원자가 말하고 싶은 것이 아닌 면접관이 궁금해 하는 것을 가장 먼저 이야기해야 한다. 이유는 간단하다. 면접관은 지원자를 기다려주지 않는다. 면접관의 입장에서 생각해보면 수많은 지원자가 면접관을 스쳐 간다. 지원자에게는 한 번뿐인 면접이 면접관에게는 수많은 사람을 만나는 면접이 될 수 있다는 것이다. 이런 상황에서 결론이 없는 장황한 답변만을 늘어놓는다면 귀 기울여 들어줄 면접관은 없다. 면접관이 궁금해 하는 의도를 두괄식으로 간결하게 답하고 짧은 시간 안에 핵심 내용을 전달하는 것이 가장 좋다.

면접 답변에 서론(핵심문장) - 본론(문장의 근거) - 결론(핵심 짚고 가기)으로 핵심 있는 답변을 구성한다.

> **예시 설계가 없는 답변**
>
> 저의 적성과 흥미에 맞는 차량직 군무원에 알게 되면서 지원하였습니다. 학창시절부터 자동차를 너무 좋아해서 고3때 면허를 취득하였고, 대형면허도 취득하였습니다. 또한 군입대 당시 운전병을 하면서 저에게 맞는 직렬이라고 생각하여 지원하였습니다.

두 번째, 면접관의 귀에 쏙쏙 들리는 답변은 20~40초가 가장 적당하다. 면접에서 지원자들의 실수 중 하나는 그동안 많은 준비를 했기에 나의 모든 것을 다 보여주기를 원한다. 그렇기에 답변은 구구절절해지고 1분이 넘어가기 마련이다. 하지만 그 답변을 듣고 합격을 시켜 줄 면접관은 어디에도 없다. 면접에서 가장 많은 시간을 차지하는 것은 자기소개이다. 1분 자기소개가 끝난다면 그 후에 받는 답변은 길어야 40초 안에 끝내는 것이 가장 좋다.

세 번째, 귀에 쏙쏙 들리는 면접 답변은 첫째, 둘째, 셋째로 답변하자. 지원 동기나 이유 해결방안 앞으로의 계획을 답변할 때는 말이 길어지기 마련이다. 이렇게 구구절절 나열만 하고 정리 없이 말을 이어나가기만 한다면 면접관의 기억에 남는 답변은 아니다. 이럴 때 가장 좋은 방법으로는 2~3가지를 나열해서 구체적으로 짧게 답변하는 것이 가장 좋다.

◆제가 지원하게 된 동기는

첫째

_____

둘째

_____

셋째

_____


　이렇게 구체적인 방법으로 첫째, 둘째, 셋째로 이야기한다면 면접관
의 귀에 쏙쏙 들리는 면접이 된다는 것을 명심하자.




## 면접관의 말을 따라 하는 앵무새가 되자


　우리가 잘 알고 있는 앵무새를 생각해보자. 앵무새는 사람의 말을 똑
같이 따라 하기를 반복한다. 앵무새 화법도 아주 간단하면서도 면접 현장
에서는 지원자에게 강력한 무기가 된다. 앵무새 화법의 장점으로는 시간
을 벌 수 있다. 이미 물은 엎질러졌다. 그 엎질러진 물은 다시 쓸어 담을
수 없기에 받은 질문에 답변해야만 한다. 면접관의 질문에 음~ 어~ 그~
저~ 의 필요 없는 말을 하는 시간에 앵무새 화법으로 질문을 한 번 더 따
라 한 후 스피치 설계에 맞춰 답변을 준비한다면 면접관에게 훨씬 잘 들

리는 답변이 된다. 단, 명심해라. 앵무새 화법을 사용할 시에는 진정성 있게 면접관에게 다가가야 한다는 것을!

- 우리 회사에 지원하게 된 동기가 무엇인가요?
- 지원자 성격의 장단점은 무엇인가요?
- 리더십을 발휘했던 경험에 대해 이야기해 보세요.

◆ 앵무새 화법을 활용하라

## 상대방이 덜 아프게 완충작용을 하자

면접에서는 늘 긍정의 질문만 받는 것은 아니다. 좋지 못한 상황에 대해 답변을 해야 할 때 혹은 상대방에게 좋지 않은 사실을 전달하는 경우도 있다. 이럴 때는 최대한 충격을 주지 않고 전달을 하는 방법으로 쿠션화법이 있다. 쿠션화법이란 부정적인 말을 할 때 윤활유 역할을 해 줄 쿠션언어를 넣어 대화하는 방법이다. 쿠션역할을 하는 표현을 넣어 대화를 시작하여 듣는 사람의 감정을 건드리지 않게 대화를 이어갈 수 있다. 대표적인 쿠션언어로는 '불편하시겠지만', '괜찮으시다면', '죄송하지만', '안타깝지만' '어려우시겠지만' 등이 있다.

예시

> • 상사의 비리를 목격했다면?
>   (상사분께는 죄송하지만/ 마음 아프지만/ 안타까운 일이지만)
>
> • 타인에게는 그렇지 않은데 본인에게만 엄격하게 대하는 상사가 있다면?
>   (감사한 마음이 들 것 같습니다. 좋은 기회라고 생각합니다)
>
> • 스트레스 해소 방법은?
>   (저는 스트레스를 잘 받는 편은 아니지만)
>
> • 전임자의 실수를 본인에게 따져 묻는다면?
>   (그 부분은 저의 책임이라고 생각합니다)

◆ 쿠션화법을 활용하라

## 04
# 공격질문을 면접관에게 되돌려주자

## 공격과 수비는 바꿀 수 있다

면접은 지원자의 입장에서 생각해 보면 결코 편한 장소와 시간은 아니다. 얼핏 생각해 보면 질문으로 공격을 받는 것과 같은 느낌을 받을 수 있다. 면접은 질문하는 면접관이 공격자이고 면접에 답변하는 지원자가 수비인 것 같지만 반대로 보면 공격과 수비를 바꿀 수도 있다. 지원자는 이 면접을 위해 많은 노력과 시간을 기울였기 때문에 준비된 답변이고 면접관은 모든 지원자의 많은 준비로 인해 그 차이점에 대해 분명히 나눌 수 없다. 그렇기 때문에 시간에 쫓겨 상식적인 질문 몇 개만 던지다가 면접이 끝나기 일쑤이다. 우리는 여기서 이점을 이용해 면접에서 승리를 거머쉬도록 하자.

면접에서 승리하기 힘든 요인 중 가장 큰 것은 긴장이다. 운동선수도 마찬가지다. 긴박한 상황 1점이 시급하고 분과 초를 다투는 짧은 시간에서 긴장해버린다면 실수가 곧 실패가 될 수도 있다. 우리는 이미 훈련이 끝났다. 이제 이 훈련을 마지막으로 면접에서 공격을 시도해야 한다. 하지만 긴장감 하나로 경기장에서 실패하게 된다면 곧 그 면접은 불합격이 될 수도 있다는 사실을 명심하자.

지나친 긴장은 면접을 보는 지원자에게 오히려 해가 되고 독이 될 수도 있다. 하지만 적당한 긴장감과 스트레스는 시너지 효과를 불러일으킬 수 있다. 면접 긴장 즉 공포감을 이기지 못한다면 나의 진짜 진면목을 보여줄 수 없다. 그동안 수많은 연습으로 이 면접을 준비하지 않았는가. 하지만 긴장으로 인해 이 면접을 순식간에 끝낼 수 없다.

이제 이 긴장감을 풀 수 있는 나만의 방법을 찾고 면접에서 제대로 공격과 수비를 해 보자. 곧 나의 진면목을 보여줄 수 있는 면접에서의 승리를 할 수 있고 합격의 꿈을 이룰 수 있다.

## 나는 왜 떨고 있을까

나는 면접에서 왜 이렇게 떨고 있을까? 하지만 그 이유에 대해 알면 알수록 준비를 제대로 할 수 있고 갈수록 떨지 않을 것이다. 모르면 모를수록 불안감은 커지고, 그 불안감은 면접에서 큰 타격이 될 수 있다. 그렇다면 이제 식은땀을 닦고 신체적인 반응은 무시한 채 나 자신의 자신감과 노력으로 극복해 보자

## 긴장감을 완화시키는 꿀팁

**첫 번째, 5분간의 심호흡을 하자!**

매일 숨을 쉬면서도 우리는 의식을 하지 못한다. 호흡에 순서를 정한 후 '내쉬자', '들이마시자'고 생각하면서 숨을 쉬는 사람은 어디에도 없을 것이다. 그러나 자신의 의지 하나만으로 컨트롤 할 수 있는 것이 호흡이다. 우리의 인체 기관 중 유일하게 호흡만 의식과 잠재의식이 모두 작용한다. 따라서 호흡을 컨트롤하면 어느 정도 우리 의식과 무의식은 함께 안정을 찾을 수 있다.

오늘부터 심호흡 훈련을 시작하자. 복식호흡도 같은 원리이다. 들숨이 날숨보다 짧아서 들이마시는 초를 조금 더 짧게 하여 들숨 5초, 날숨 8초 정도에서 점차 호흡량을 늘려 훈련하도록 하자. 곧 중요한 순간이 다

가왔을 때도 심호흡의 스킬로 신체를 제어할 수 있도록 꾸준히 연습하도록 하자.

**두 번째, 부정의 생각을 모두 거둬내자!**

말도 안 되는 소리라고 할 수도 있지만, 면접에서 긴장감 완화를 하기 위해 가장 효과적인 방법 중 최고의 방법이라고 말할 수 있다. 자신감으로 준비한 취업 면접, 그리고 면접 현장에서 승부를 볼 수 있는 성공 요인 중 하나로 내면의 힘을 끌어 올리고 긍정의 생각을 한다면 면접 질문에 대한 답변도 가장 효과적인 답변이 될 수 있다. 면접 상황과 긴장하는 상황을 지속적으로 떠올리며 부정적인 말과 생각을 하게 된다면 트라우마가 되어 면접에서도 늘 고배를 마실 수 있다.

이제는 부정의 생각을 긍정적으로 전환하여 표현하고 생각을 하는 습관을 기르자.

**세 번째, 극단적으로 준비하자!**

말 그대로 면접 긴장감을 완화하는 방법으로는 극단적인 준비를 하는 것이다. 김연아와 스티브 잡스의 성공 비결은 바로 극단적인 준비를 했다는 공통점이 있다.

극단적으로 연습을 하라는 것은 도대체 얼마나 준비해야 한다는 것일까? 평창동계올림픽 유치의 주역 더반의 여왕 나승연 씨는 1000번의 리허설을 거친 뒤 연단에 섰다고 한다. 나중에는 내용이 확실히 머리에 익혀졌고 몸은 이미 그 연단을 기억하고 저절로 말을 하고 있었다고 한다.

연습이 긴장감을 이겨냈던 어마어마한 순간이었다.

말을 잘하고 스피치를 잘하는 세계적인 연사들은 하나같이 연습에 연습을 거듭한 연습벌레였다. 우리는 면접을 위해 얼마나 시간을 투자하고 있었는지 얼마나 많은 연습을 했는지 혹은 이미지를 바꾸기 위해 얼마나 큰 노력을 거듭했는지 돌아보자.

현실과 생각의 차이는 준비를 거듭하는 과정에서 충분히 줄일 수 있고 결과적으로 긴장감까지 줄어들 수 있다. 이제는 근거 없는 자신감이 아닌 그 근거를 만들기 위해 실력을 쌓고 연습을 한다면 당연한 결과를 낳을 수 있다.

# 5장
·
쫄지마‥면접 핵심 질문 리스트 편
····

# 01
# 대기업 붙어라! 대기업 면접

대기업 면접의 특성은 전문분야에서 일정수준 이상 공부를 하고 준비를 해야 한다는 것이다. 대기업에서는 지나친 개인주의적 성향을 싫어하고, 조직생활이나 팀워크에 해가 되는 답변은 원하지 않는다. 또한 해당 직무에 대한 경험이 부족을 기피하기 때문에 꼭 연결성을 준비해야 한다. 면접질문으로는 문제 해결 능력, 구체적인 대안 방안. 인재 상, 전문역량 등에 관한 것이 주를 이룬다.

**예시** 팀워크를 중요시하기에 나오는 질문

Q. 신규 브랜드를 성공적으로 런칭하고 퇴근했을 때 가장 먼저 하고 싶은 일은 무엇인가요?

(O) 팀원들과 함께 회식을 하고 싶다.

(X) 빨리 집에 돌아간 후 쉬고 싶다.

## 금융 분야(은행 편)

**지원하는 금융회사에 맞추어 준비하세요.**

❶ ○○은행이 타 금융과의 차이점에 대해 말해보세요.

❷ 경쟁사인 타 금융에서 4%의 금리를 준다고 합니다. 어떻게 대처하겠습니까?

❸ ○○인(신한인)으로서 가장 필요한 자질은 무엇인가요?

❹ ○○의 역사에 대해서 아는 대로 말해보세요.

❺ 타 은행과 비교해 우리 ○○가 부족하다고 생각하는 점과 해결방안에 대해 말해보세요.

❻ 카드를 활성화할 방법을 제시해 보세요.

❼ 은행은 대기하는 고객이 많습니다. 어떻게 하면 지루해하지 않고 대기할 수 있을까요?

❽ 해외지점을 활성화할 방법에 대해 제시해 보세요.

❾ 초고령화 시대가 되고 있는 지금 실버 세대를 위해 필요한 상품을 만들 건가요?

❿ 급증하는 외국인들을 위한 상품을 제시해 보세요.

⓫ 업무시간 처리할 수 없는 과중한 업무를 맡았습니다. 어떻게 대처하겠습니까?

⑫ 입행 후 은행에 대해 바라는 점에 대해 말해보세요.

⑬ 금리 변동에 따른 물가 변동 현상에 관해서 설명해 보세요.

⑭ 금산법에 대한 본인의 생각을 말해보세요.

⑮ 고객님이 3억을 가지고 왔습니다. 어떻게 자산관리를 해드릴 건가요?

⑯ 은행 예금 상품을 만든다면 어떤 상품을 만들겠습니까?

⑰ 금융권 최근 이슈에 대해 말해보세요.

⑱ 은행 보험이란 무엇인가요? ERP란 무엇인가요? BRICS가 무엇이며 BRICS가 아닌 다른 나라에 투자한다면 어디에 투자할 건가요?

⑲ 환율이 변한다면 국내 증시는 어떻게 변동할 것인지 말해보세요.

⑳ 현재 콜금리가 몇 %인지 알고 있나요?

## 전자 분야 (LG, 삼성)

❶ 맨홀 뚜껑이 원형인 이유에 관해서 이야기 말해보세요.

❷ 휴대폰에 흠집이 나지 않게 하려면 어떻게 해야 하나요?

❸ 히어로 중 아이언맨과 캡틴 아메리카가 싸우면 어느 팀을 선택하겠습니까?

❹ 목욕탕과 찜질방의 차이점에 대해서 말해보세요.

❺ 휴대폰으로 할 수 있는 기능을 아는 대로 이야기해 보세요.

❻ 전국에 있는 공중화장실의 개수와 그렇게 생각한 이유에 대해 말해보세요.

❼ 한라산 또는 백두산을 옮긴다면 시간과 비용이 얼마나 들겠는지 이유에 대해 말해보세요.

❽ 생활가전 분야 중 혼수 시장 점유율을 높일 수 있는 마케팅을 제시해 보세요.

❾ 전자 회사의 방향성에 대해 말해보세요.

❿ 제품의 가격을 낮춘다면 회사의 손익에 영향을 미칠 것입니다. 가격을 올려야 하는지 낮춰야 하는지 본인 생각을 말해보세요.

⓫ LG 베스트샵을 방문해 본 적 있나요?

⓬ 유체역학은 기구설계에 어떻게 작용하나요?

⑬ 지원한 직무에 무엇이 중요하다고 생각하나요?

⑭ 최근 종부세에 대한 논란이 활발합니다. 대립점을 설명하고 본인의 의견을 말해보세요.

⑮ 당사에 들어오기 위해 했던 노력에 대해 말해보세요.

⑯ 타 지원자들보다 뛰어난 점을 말해보세요.

⑰ 창의력을 발휘했던 경험에 대해 말해보세요.

⑱ 리더형인가요? 팔로워형인가요?

⑲ 회사에서 중요한 가치는 무엇인가요?

⑳ 본인 직무에 맞지 않는 일을 한다면 어떻게 하실 건가요?

## 자동차 분야

❶ 자동차 산업에서 마케팅과 연구비는 줄일 수 없습니다. 이 점을 명심하여 원가 절감을 하기 위한 방안을 설명해 보세요.

❷ 자동차가 주행 중 멈췄을 때, 문제점을 이야기해 보세요.

❸ 스마트 팩토리란 무엇인가요?

❹ 기하공차란 무엇인가요?

❺ 현대자동차의 신사업은 무엇인가요?

❻ 해당 업무에 지원한 이유를 말해보세요.

❼ 생산기술이 무엇이라고 생각하나요?

❽ 직무에 대해 아는 대로 설명하세요.

❾ 입사 후 자신이 본사에 기여할 수 있는 방법을 이야기해 보세요.

❿ 기아 자동차의 현재 상황에 대해 말해보세요.

⓫ 최저임금 상승에 대한 본인 의견을 말해보세요.

⓬ 친환경 자동차에 관해 설명해 보세요.

⓭ 과정과 결과 중 무엇이 더 중요하다고 생각하나요?

⓮ 최근 관련된 시사에 대해 말해보세요.

⓯ 직무 관련 경험이 있는지 말해보세요.

⑯ 상사가 아무것도 알려주지 않고 중요한 프로젝트를 맡겼습니다. 어떻게 하겠습니까?

⑰ 타 회사 공채에도 지원하였나요?

⑱ 관련 자격증을 취득했나요?

⑲ 협력이 회사생활에서 왜 중요한지 이야기해 보세요.

⑳ 대학 생활 중 가장 몰입했던 일은 무엇인가요?

## 조선 분야

❶ 자기소개를 해 보세요.

❷ 팀원과 의견을 조율하여 문제를 해결했던 경험이 있나요?

❸ 이 분야에 지원하기 위해 어떤 노력을 하였나요?

❹ 봉사활동 경험에 대해 말해보세요.

❺ 입사 후 생각하지 못했던 직무를 맡게 된다면 어떻게 하겠습니까?

❻ 당사의 인재상을 이야기해보고 본인이 인재상에 부합하는지 이야기해 보세요.

❼ 조선업이 앞으로 나아가야 할 방향에 관해 이야기해 보세요.

❽ 노조에 대해 어떻게 생각하나요?

❾ 종북세력에 대해 어떻게 생각하나요?

❿ 빈부격차란 무엇인가요?

⓫ 비파괴 검사란 무엇인가요?

⓬ 옥포조선소 크기와 직원 수를 알고 있나요?

⓭ EPCIC가 무엇인가요?

⓮ 본인이 지원한 직무에 관해 설명해 보세요.

⑮ 존경하는 인물은 누구이며 이유에 대해 말해보세요.

⑯ DSME의 장단점에 대해 말해보세요.

⑰ 소성 변화에 관해 설명해 보세요.

⑱ 열역학 1, 2 법칙에 관해 설명해 보세요.

⑲ 공공장소 흡연 금지에 대한 본인의 찬반 주장과 이유를 이야기해 보세요.

⑳ 다른 지원자들보다 본인이 월등한 점에 대해 말해보세요.

## 화학 분야

**1** 자기소개에 ○○ 업무를 했다고 하셨는데 다른 경험이 있나요?

**2** 우리가 나아가야 할 방법에 대해서 말해보세요.

**3** 우리 화학이 중국 시장에 인프라를 넓히기 위해 어떤 방법을 써야 하나요?

**4** 우리 화학이 나아가야 할 방향성을 영어로 간략하게 설명해 보세요.

**5** 상평형의 의미에 대해 아는 대로 말해보세요.

**6** 직무역량을 키우기 위한 노력에 대해 말해보세요.

**7** 많은 분야 중 이 분야를 지원한 이유는 무엇인가요?

**8** 작년 사고보다 올해 사고를 줄이는데 가장 먼저 해야 할 일에 대해 말해보세요.

**9** 미·중 무역전쟁으로 우리 화학이 받을 영향에 대해 말해보세요.

**10** 우리 사업본부가 하는 사업 분야에 대해 알고 있나요?

**11** 아주 작은 하자가 있는 제품이 있는데, 당장 출하하지 않는다면 회사의 손실이 큽니다. 출하하겠습니까?

**12** 우리 회사의 제품을 아는 대로 이야기해 보세요.

⑬ 형광과 인광의 차이는 무엇인가요?

⑭ 우리 회사의 인재상에 관해 이야기해 보세요.

⑮ 팀 프로젝트 진행 시 잘 따라오지 못하는 팀원이 있습니다. 어떻게 하겠습니까?

⑯ 평소 우리 회사의 이미지와 우리 회사를 좋아하게 된 계기에 대해 말해보세요.

⑰ 상사가 오늘 내로 하기 힘든 일을 시킨다면 어떻게 하겠습니까?

⑱ 점유율을 다시 회복하기 위해 세울 수 있는 판매전략이 있나요?

⑲ 5년 후 10년 후 당신의 모습에 관해 이야기해 보세요.

⑳ 가장 만나고 싶은 인물이 있나요?

## 제철 분야

❶ 최근 했던 프로젝트에 대해 이야기해 보세요.

❷ 격오지 근무가 가능한가요?

❸ 창의성을 발휘했던 경험에 대해 말해보세요.

❹ 100점 만점 중 본인의 점수는 몇 점이라고 생각하나요?

❺ 기술 유출에 대해 본인 생각과 대응 방법에 대해 말해보세요.

❻ 대외 활동을 하며 타인을 도왔던 경험이 있나요?

❼ 철의 5대 원소를 설명해 보세요.

❽ 5대 원소의 역할과 불순물 제거 방법에 관해 설명하세요.

❾ 리더십을 발휘했던 경험에 대해 말해보세요.

❿ 동아리 활동 혹은 단체 활동에서 이루어낸 성과에 대해 말해보세요.

⓫ 회사가 어떤 사업을 진행하는지 알고 있나요?

⓬ 현대중공업의 제품 중에서 아는 대로 이야기해 보세요.

⓭ 현대중공업을 소개하여 나에게 수주를 따내 보세요.

⓮ 동아리 활동에서 힘들었던 점을 이야기해 보세요.

⓯ 팀 활동에서 주도적으로 진행했던 경험에 대해 말해보세요.

❶❻ ○○제철이 알루미늄을 생산하나요?

❶❼ 스마트 그리드에 관해 설명해 보세요.

❶❽ 계획을 세울 때 계획을 세워서 하는 편인가요, 혹은 머릿속으로 생각을 한 후 실행하나요?

❶❾ 본인의 버킷리스트 3가지를 말해보세요.

❷❾ 철은 무엇이라고 생각하나요?

## 중공업 분야

❶ 왜 이곳에 지원했나요?

❷ 최고의 성과를 이룬 경험에 대해 말해보세요.

❸ 전공 관련 지식을 활용해서 당사에 기여할 수 있는 것을 말해보세요.

❹ 인생에서 가장 행복했을 때를 말해보세요.

❺ 상사가 부당한 지시를 내린다면 어떻게 대처하겠습니까?

❻ 불합격하게 된다면 무엇을 준비할 건가요?

❼ 우리나라 역사에서 가장 훌륭하다고 생각하는 사람은 누구인가요?

❽ 하청 업체의 지속적인 요구나 항의 등이 잇따를 경우 어떻게 대처하겠습니까?

❾ 당사에서 대체에너지를 사용하면 어떻게 적용하겠습니까?

❿ 글로벌 인재에게 가장 필요한 요소는 무엇인가요?

⓫ 다른 직무를 하게 될 경우 어떻게 하겠습니까?

⓬ 상평형의 의미에 대해 아는 대로 말해보세요.

⓭ 많은 분야 중 이 분야를 선택한 이유에 대해 말해보세요.

⓮ 아르바이트 경험이 있나요. 있다면 이야기해 보세요.

⑮ 팀 프로젝트 진행 시 본인이 기여한 %는 어느 정도 되나요?

⑯ 기술 유출에 대해 어떻게 대응해야 하나요?

⑰ 철의 5대 원소와 그중 불순물에 관해서 이야기해보고 각각의 역할과 제거 방법에 대해 말해보세요.

⑱ 우리 제철에서 알루미늄을 생산하나요?

⑲ 고로와 전기로의 차이점에 대해 말해보세요.

⑳ 열역학 법칙에 관해 설명하세요.

## 항공 분야

❶ 돈의 가치는 무엇이라고 생각하나요?

❷ 명절에 남을 도와준 일이 있다면 얘기해 보세요.

❸ 본인을 동물에 비유한다면 어떤 동물인가요?

❹ 본인의 롤모델은 누구인가요?

❺ 지난 주말에 무엇을 했나요?

❻ 지원한 직무에 중요역량이 무엇이라고 생각하나요?

❼ 취미는 무엇인가요?

❽ 평소에 청소하는 것이 힘들다고 생각한 적이 있나요?

❾ 고객이 만취해서 소란을 피울 때 어떻게 할 건가요?

❿ 우리 항공을 한 단어로 표현해 보세요.

⓫ 무인도에 가져가고 싶은 3가지는 무엇인가요?

⓬ 가장 최근에 들은 우리 항공사 소식에 대해 말해보세요.

⓭ 신규 취항지를 추천해 주세요.

⓮ 우리 항공사에 추천하고 싶은 스포츠 스타는 누구인가요?

⓯ 출산율을 높이기 위한 방안에는 어떤 것들이 있을까요?

⓰ 자사의 기내 서비스와 관련하여 개선해야 할 방안을 제
   시해 보세요.

⑰ 자사가 명품 항공사가 되기 위한 마케팅 방안을 제시해
보세요.

⑱ SNS를 활용한 마케팅 방안을 제시해 보세요.

⑲ 탄력근무제, 유연근무제의 영향과 실행을 위한 전략을 제
시해 보세요.

⑳ 화물용 저가 항공사 설립을 위한 방안을 제시해 보세요.

# 02
# 공기업 붙어라! 공기업 면접

공기업 면접에서 가장 중시해야 할 부분은 공직윤리를 잊어서는 안 된다는 것이다. 공기업에서는 개인보다는 조직 전체를 먼저 생각하고 친화적인 자세의 답변을 원한다. 그렇기 때문에 자신의 이익이 아닌 공익의 이익을 위한다는 답변이 우선시 되어야 한다. 또한 원칙을 중요시하고 옳고 그름에 대한 가치를 보이며 끝까지 노력하는 자세를 보여주는 것이 좋다. 그 외에도 직무에 관한 전문적인 업무역량과 논리적이고 침착한 대처 능력을 보여준다. 직무관련 중심의 일관성, 직무 전문성, 조직에 기여할 수 있는 장점, 회사의 미래지향성과 4차 산업에 대한 대응책 등이 주요 질문으로 나온다.

| 공기업 면접 유형 4가지 | |
|---|---|
| 경험면접 | 선발하고자 하는 직무 능력이 필요한 과거의 경험을 질문한다.<br>• 평가요소: 직업기초능력과 인성 및 태도적 요소를 평가 |
| 상황면접 | 특정 상황을 제시하고, 지원자의 행동을 관찰하고 평가함으로써 제 상황의 행동을 예상한다.<br>• 평가요소: 직업기초능력과 인성 및 태도적 요소를 평가 |
| 발표면접 | 특정 주제와 관련된 지원자의 발표와 질의/응답을 통해 지원자의 역량을 평가한다.<br>• 평가요소: 직업기초능력과 인지적 능력을 평가 |
| 토론면접 | 토의과제를 제시하고 그 의견을 수렴하는 과정에서 지원자의 역량과 상호작용 능력을 평가한다.<br>• 평가요소: 직업기초능력과 인지적 능력을 평가 |

## 인천국제공항공사

**❶** 영어로 간단하게 자기소개를 해 보세요.

**❷** 인천국제공항의 개선점에 대해 말해보세요.

**❸** 다른 지원자가 말했던 내용 중 좋은 점과 개선점에 대해 말해보세요.

**❹** 인천국제공항공사의 인재상 중 자신에게 맞는 인재상은 무엇인가요?

**❺** 공항의 서비스를 상승시킬 방안에 대해 말해보세요.

**❻** 공항 수요의 분산정책은 무엇인가요?

**❼** 네트워크 조직에 관해서 설명하세요.

**❽** 인천공항의 홍보대사에 대해 말해보세요.

**❾** 본인은 10년 후 전문가가 되고 싶나요? 관리자가 되고 싶나요?

**❿** 인생에서 가장 힘들었던 경험에 대해 말해보세요.

**⓫** 워터해머 효과란 무엇인가요?

**⓬** 팬데믹 현상에 대처하기 위한 방안에 대해 말해보세요.

**⓭** 본인의 비전에 대해 말해보세요.

**⓮** 인천공항의 최근 이슈에 대해 말해보세요.

⑮ 기억에 남는 동아리 활동에 대해 말해보세요.

⑯ 갈등을 해결했던 경험에 대해 말해보세요.

⑰ 본인의 단점과 보완점에 대해 말해보세요.

⑱ 당사에 입사하기 위해 기울였던 노력에 대해 말해보세요.

⑲ 비정규직에 대한 본인 생각을 말해보세요.

⑳ 공항에서 응급상황 발생 시 대처방안에 대해 말해보세요.

## 국민건강보험공단

❶ 국민건강보험공단에서 하고 싶은 프로젝트가 있나요?

❷ 자기소개서에는 없는 본인만의 업무적 강점을 소개해 보세요.

❸ 정부의 복지사업 지원에서 국민건강보험공단이 할 수 있는 일에 대해 말해보세요.

❹ 공기업의 역할은 무엇인가요?

❺ 타인을 설득했던 경험이 있나요?

❻ 공단의 인재상 중 본인과 부합하는 점에 대해 말해보세요.

❼ 면접 준비를 하면서 가장 자신 있는 질문과 답변을 해보세요.

❽ 친화력이 좋은 편인가요?

❾ 자신만의 스트레스 해소 방법은 무엇인가요?

❿ 국민건강보험공단의 핵심 가치에 대해 말해보세요.

⓫ 자신과 공단을 색깔로 표현해 보세요.

⓬ 공정한 업무처리로 신뢰를 받았던 경험이 있나요?

⓭ 상사의 비리를 목격했다면 어떻게 대처하겠습니까?

⑭ 악성 민원인 대처방안은 무엇인가요?

⑮ 정신질환자에 대한 인식 개선 방안에 대해 말해보세요.

⑯ 어려운 유형의 민원에 대처 방법을 말해보세요.

⑰ 자기 전문성 향상을 위해 했던 노력에 대해 말해보세요.

⑱ 원리원칙을 지킨 사례에 대해 말해보세요.

⑲ 건강보험공단이 하는 일에 대해 아는 대로 말해보세요.

⑳ 본인이 생각하는 공직자의 태도 중 가장 중요한 것은 무엇인가요?

## 근로복지공단

❶ 근로복지공단에 지원한 이유에 대해 말해보세요.

❷ 민원응대 시 타 부서의 업무 문의가 본인에게 온다면 어떻게 하겠습니까?

❸ 현재 본인이 하고 있는 자기 계발은 무엇인가요?

❹ 자신의 장단점에 대해 말해보세요.

❺ 본인이 가장 잘할 수 있는 직무에 대해 말해보세요.

❻ 직무 관련 경험에 대해 말해보세요.

❼ 악성 민원인에 대한 대처방안에 대해 말해보세요.

❽ 고용보험과 산재보험의 차이점에 관해 설명하세요.

❾ 근로복지공단에서 하는 일과 본인이 발휘할 수 있는 역량에 대해 말해보세요.

❿ 최근 근로복지공단 이슈에 대해 말해보세요.

⓫ 일자리안정자금 사업과 본인의 생각에 대해 말해보세요.

⓬ 본인이 원하는 조직 문화에 대해 말해보세요.

⓭ 입사 후 포부에 대해 말해보세요.

⓮ 근로복지공단에 대해 아는 대로 말해보세요.

⑮ 격오지로 발령이 난다면 어떻게 하겠습니까?

⑯ 상사와의 갈등 해결 방법에 대해 말해보세요.

⑰ 근로복지공단의 사업을 확대할 방안은 무엇인가요?

⑱ 조직 생활에서 가장 중요한 덕목은 무엇인가요?

⑲ 10년 뒤 본인의 모습에 대해 말해보세요.

⑳ 친절한 서비스에 대한 자신의 생각을 말해보세요.

## 한국전력공사

**①** 한전에서 좀 더 홍보했으면 하는 점에 대해 말해보세요.

**②** 누진세가 뭔지 알고 있나요?

**③** 본인이 알고 있는 한전에서 하는 일은 무엇인가요?

**④** 한전이 수행하고 있는 사업에 대해서 잘 알고 있나요?

**⑤** 한전이 하는 해외 사업에 대해 말해보세요.

**⑥** 성과연봉제란 무엇이고 본인의 생각을 말해보세요.

**⑦** 임금피크제의 개념과 효과에 대해 말해보세요.

**⑧** 본인이 느낀 에너지 공기업의 기업문화의 장점과 단점을 말해보세요.

**⑨** 변압기 고장의 원인이 고양이라면 어떻게 해야 하는지 말해보세요.

**⑩** 한전에 와서 맡고 싶은 직무에 대해 말해보세요.

**⑪** 어제 한전 주가는 얼마인지 알고 있나요?

**⑫** 한전에 관련된 신문 기사에 대해 말해보세요.

**⑬** 고객 만족을 증진하기 위한 대책에 대해 말해보세요

**⑭** 발전소를 본 적이 있나요?

**⑮** 한전 입사를 위해 가장 필요하다고 생각하는 역량은 무엇인가요?

⑯ 9·15 정전 사태에 대한 본인의 생각을 말해보세요.

⑰ 공기업이란 무엇이라고 생각하나요?

⑱ 좋아하는 사람과 싫어하는 사람의 성향에 대해 말해보세요.

⑲ 존경하는 사람은 누구인가요?

⑳ 자신을 색깔로 표현해 보고 이유를 말해보세요.

## 한국가스공사

❶ 프로젝트에서 실패했던 경험과 이유를 말해보세요.

❷ 가스공사의 해외 사업에 대해 아는 대로 말해보세요.

❸ 격오지 발령이 나도 괜찮은가요?

❹ 가스공사의 역할은 무엇인가요?

❺ 가스공사의 배관이 노후화되어 침식되었다면 어떻게 하겠습니까?

❻ 가스 산업의 미래에 대해 말해보세요.

❼ 본인이 살면서 가장 열정적으로 했던 일에 대해 말해보세요.

❽ 인덕션의 사용으로 가스 사용이 현저히 줄어들었습니다. 해결방안에 대해 말해보세요.

❾ 본인은 친화력 있는 성격인가요?

❿ 빌게이츠와 스티브잡스 중 훌륭하다고 생각하는 기업가 한 명을 선택해 보세요.

⓫ 근무하고 싶은 부서에 대해 말해보세요.

⓬ 존경하는 인물에 대해 말해보세요.

⓭ 자신의 계획했던 일중 실패했던 경험과 극복 방법에 대해 말해보세요.

⑭ 당사에 대해 아는 대로 말해보세요.

⑮ 가스의 종류에 대해 말해보세요.

⑯ 금속 열처리 방법에 대해 설명하세요.

⑰ 엔트로피, 엔탈피를 설명하세요.

⑱ 현재 하고 있는 자기 개발에 대해 말해보세요.

⑲ 어려움을 극복했던 경험에 대해 말해보세요.

⑳ 회사에서 몇 년까지 일할 생각인가요?

## 한국도로공사

❶ 지원동기에 대해 말해보세요.

❷ 기업성과급제도에 대한 본인의 의견을 말해보세요.

❸ 최근 한국도로공사 관련 시사에 대해 말해보세요.

❹ 학교생활 중 가장 기억에 남는 활동에 대해 말해보세요.

❺ 공기업이 수익성을 확보하려면 어떻게 해야 하나요?

❻ 효율적 시장가설이란 무엇인가요?

❼ 공기업의 순기능과 역기능에 대해 말해보세요.

❽ 민자 고속도로에 대해 아는 대로 말해보세요.

❾ 현재 우리나라 고속도로에 대해 아는 대로 말해보세요.

❿ 고속도로의 장단점에 대해 말해보세요.

⓫ 방화벽에 관해 설명해 보세요.

⓬ 상생경영이란 무엇인가요?

⓭ 교통사고 감소 방안에 대해 말해보세요.

⓮ 도로공사에서 사용하는 통신기술에 대해 아는 것이 있나요?

⓯ 비행기, 철도, 고속도로 중 가장 합리적인 교통수단과 이유를 말해보세요.

⑯ 전국고속도로에 CCTV가 몇 대 정도 있다고 생각하나요?

⑰ 졸음 쉼터 사고 문제에 대해 본인 생각을 말해보세요.

⑱ 통행료 인상에 대한 본인 생각을 말해보세요.

⑲ 고속도로 이용 시 불편했던 점에 대해 말해보세요.

⑳ 입사 후 가장 먼저 하고 싶은 일은 무엇인가요?

## 한국수자원공사

❶ 좋아하는 사람과 싫어하는 사람의 유형에 대해 말해보세요.

❷ My - water에 대해 말해보세요.

❸ 고도처리시설이 있음에도 불구하고 수돗물에서 흙냄새가 난다는 민원이 들어왔습니다. 어떻게 처리하겠습니까?

❹ 고령층에게 수자원공사의 물을 깨끗하다고 알릴 방법에 대해 말해보세요.

❺ 신재생에너지와 드론의 결합 방안과 활용사례(선진국)에 대해 말해보세요.

❻ 수력발전의 특징에 관해 설명하세요.

❼ 본인이 생각하는 업무와 실제 업무가 다르다면 어떻게 하겠습니까?

❽ 자신을 동물(사물, 색깔, 단어)로 표현해 보세요.

❾ 입사 후 가장 중요하게 생각하는 역량은 무엇인가요?

❿ 수도 요금 현실화와 관련하여 공기업이 공공성과 수익성 중 무엇을 더 우선으로 해야 한다고 생각하나요?

⓫ 물을 절약하려면 어떻게 해야 할까요?

⓬ 신재생에너지를 확대할 수 있는 방안에 대해 말해보세요.

⑬ 수공과 토공의 차이점에 대해 말해보세요.

⑭ 외국의 물 분쟁 사례에 대해 말해보세요.

⑮ 올바른 기업문화에 대해 말해보세요.

⑯ 4대강 사업에 대한 본인의 생각을 말해보세요.

⑰ 문제를 해결한 경험에 내해 말해보세요.

⑱ 재정정책과 금융정책에 대해 아는 대로 말해보세요.

⑲ 공기업 민영화에 대한 본인의 생각에 대해 말해보세요.

⑳ 희망 직무와 이유에 대해 말해보세요.

## 한국철도공사

❶ 최근 타인을 배려했던 경험에 대해 말해보세요.

❷ 한국철도공사에서 발휘할 수 있는 본인의 역량에 대해 말해보세요.

❸ 가족과의 중요한 약속을 앞두고 상사가 퇴근 시간에 본인에게 일을 시킨다면 어떻게 대처하겠습니까?

❹ 철도 파업에 대한 본인의 생각을 말해보세요.

❺ 지금까지 기차를 얼마큼 타보았는지 말해보세요.

❻ 기차 요금과 서비스 수준을 비교했을 때 어떤 것 같은가요?

❼ 철도 하면 떠오르는 이미지에 대해 말해보세요.

❽ 기차역 이용 시 불편했던 점은 무엇인가요?

❾ 한국철도공사가 세계 몇 번째라고 생각하나요?

❿ 복수노조에 대한 본인 생각을 말해보세요.

⓫ 코레일 직원으로서 가져야 할 사명감은 무엇이라고 생각하나요?

⓬ 슬랙이란 무엇인가요?

⓭ 작고 사소했던 일을 크게 발전시킨 경험에 대해 말해보세요.

⑭ 가장 자신 있게 진행했던 프로젝트를 소개해 보세요.

⑮ 직무 관련 경험에 대해 말해보세요.

⑯ 지원업무에 필요한 역량에 대해 말해보세요.

⑰ 한국철도공사의 아쉬운 점 한 가지만 이야기해 보세요.

⑱ 철도 파업 시 본인이 사장이라면 어떻게 하겠습니까?

⑲ 실패경험과 극복했던 사례에 대해 말해보세요.

⑳ 직원들의 일에 대한 열정은 없고 성과만 중요시하는 상사를 만났습니다. 어떻게 대처하겠습니까?

## 건강보험심사평가원

❶ 청렴에 대한 본인 생각을 말해보세요.

❷ 공기업인/공무원으로서 갖춰야 할 덕목은 무엇인가요?

❸ 급속하게 진행되는 고령화 시대에 국가가 해야 할 일은 무엇인가요?

❹ 회사의 업무에 있어서 본인의 가치관과 맞지 않는다면 어떻게 하겠습니까?

❺ 특수촬영 의료장비 과잉공급에 대해 어떻게 생각하나요?

❻ 자주 사용하는 어플과 그 이유가 무엇인가요?

❼ 자신을 색깔(단어, 동물, 사물)에 비유해서 말해보세요.

❽ 심사평가원이 하는 일에 대해 말해보세요.

❾ 심사평가원 최근 이슈는 무엇인가요?

❿ 비급여제도의 개선점에 대해 말해보세요.

⓫ 본인이 생각하는 심사평가원과 그 역할에 대해 말해보세요.

⓬ 4대 중증질환에 대해 아는 대로 말해보세요.

⓭ 빅데이터란 무엇인가요?

⓮ 본인이 생각하는 건강보험심사평가원은 어떤 곳입니까?

⑮ 심사평가원에 대한 이미지에 대해 말해보세요.

⑯ DUR에 대해 아는 대로 말해보세요.

⑰ 팬데믹 현상에 대한 본인 생각을 말해보세요.

⑱ 본인이 생각하는 리더십이란 무엇인가요?

⑲ 희망 직무와 이유에 대해 말해보세요.

⑳ 악성 민원인에 대한 대처방안을 말해보세요.

## 한국수력원자력

❶ 리더십과 팔로워십 중 무엇을 더 선호하나요?

❷ 최근 읽은 책과 기억에 남는 이유에 대해 말해보세요.

❸ 울진과 같은 원격지에 배치받으면 어떻게 하겠습니까?

❹ MCNP/GEANT4에 대한 장단점을 비교해 보세요.

❺ 원자력 구조물과 일반 구조물의 차이점에 대해 말해보세요.

❻ 슬럼프를 극복하는 본인만의 방법에 대해 말해보세요.

❼ 지원 동기는 무엇인가요?

❽ 유동 인구, 사용 시간, 근무 외 시간 등을 활용하여 20층 건물의 엘리베이터를 운영하는 방법에 대해 말해보세요.

❾ 지역과의 상생 방안에 대해 말해보세요.

❿ 베르누이의 법칙에 관해 설명하세요.

⓫ 자신이 창의성을 발휘했던 경험에 대해 말해보세요.

⓬ 랭킨사이클에서 효율증대 방법에 대해 말해보세요.

⓭ 캐비테이션이란 무엇인가요?

⓮ 이곳에서 이루고 싶은 목표에 대해 말해보세요.

⓯ 한수원에 대해 아는 대로 말해보세요.

⑯ 상사의 비리를 목격한다면 어떻게 하겠습니까?

⑰ 원자력의 장점에 대해 말해보세요.

⑱ 해외개발도상 국가에 원자력을 수출하는 방법은 무엇인가요?

⑲ 형용사 3개로 자신을 표현해보세요.

⑳ 열역학 0-3 법칙에 대해 말해보세요

## 한국지역난방공사

❶ 리더십이란 무엇인가요?

❷ 학업 외에 특별히 했던 경험에 대해 말해보세요.

❸ 지원 동기에 대해 말해보세요.

❹ 회사와의 약속과 개인 가족들과의 약속 중 무엇이 더 중요한가요?

❺ 에너지 절약 방법에 대해 말해보세요.

❻ 신재생 에너지란 무엇인가요?

❼ 공무원연금 개혁에 대해 본인의 생각을 말해보세요.

❽ 신입사원에게 가장 중요한 가치는 무엇인가요? (도전/상생/열정)

❾ 성취감이 가장 높았던 경험에 대해 말해보세요.

❿ 직업관에 대해 말해보세요.

⓫ 본인만의 차별화된 역량에 대해 말해보세요.

⓬ 본인이 한국지역난방공사 홍보대사라면 어떻게 홍보를 하겠습니까?

⓭ 주말 낮 시간대 친구와의 시간을 보내고 있는데 갑자기 회사에서 긴급하게 출근하라고 하면 어떻게 하겠습니까?

⑭ 변압기란 무엇인가요?

⑮ 가장 좋아하는 과목과 이유에 대해 말해보세요.

⑯ 페란티 현상이 무엇인가요?

⑰ 한국지역난방공사에서 하고 싶은 일은 무엇인가요?

⑱ 악성 민원인 대처방안에 대해 말해보세요.

⑲ 기후협약에 대한 본인의 생각을 말해보세요.

⑳ 미래에너지에 대해 아는 대로 말해보세요.

## 국민체육진흥공단

**❶** 지원 동기에 대해 말해보세요.

**❷** 본인 성격의 장단점을 말해보세요.

**❸** 여가 시간을 보내는 방법에 대해 말해보세요.

**❹** 우리 공단의 개선점에 대해 말해보세요.

**❺** 본인을 뽑아야 하는 이유에 대해 말해보세요.

**❻** 본인이 전공에서 배운 것을 기업에서 어떻게 발휘하겠습니까?

**❼** 본인이 기업을 선택하는 기준에 대해 말해보세요.

**❽** 타인과 갈등을 해결했던 방안에 대해 말해보세요.

**❾** 체육계에서 가장 영향력 있는 사람은 누구라고 생각하나요?

**❿** 가장 중요한 가치는 무엇이라고 생각하나요?

**⓫** 직업관에 대해 말해보세요.

**⓬** 본인의 전공과 이 직무의 연관성에 대해 말해보세요.

**⓭** 중요한 약속과 야근이 겹치는 상황입니다. 어떻게 하겠습니까?

**⓮** 국민체육진흥공단이 하는 사업에 관해 설명해 보세요.

⑮ 공단이 사업 개선 방향에 대해 말해보세요.

⑯ 희망 직무에 대해 말해보세요.

⑰ 입사 후 포부에 대해 말해보세요.

⑱ 언제까지 공단에서 일할 것인지 말해보세요.

⑲ 공단에 대해 아는 대로 말해보세요.

⑳ 격오지 근무가 가능한가요?

## 한국환경공단

❶ 한국환경공단의 핵심 가치는 무엇인가요?

❷ 환경공단이 하는 일에 대해 아는 대로 말해보세요.

❸ 최근 환경 관련한 이슈에 대해 말해보세요.

❹ 환경공단이 위험방지를 위해 해야 할 업무에 대해 아는 것이 있는지 말해보세요.

❺ 성과연봉제 도입에 관한 본인의 생각을 말해보세요.

❻ 화관법과 화평법의 차이점을 설명해 보세요.

❼ 타인이 미루었던 일을 스스로 자진해서 했던 경험이 있나요?

❽ 환경 관련 문제와 해결방안에 대해 말해보세요.

❾ 법을 어겼던 경험이 있나요?

❿ 주목하고 있는 시사에 대해 말해보세요.

⓫ 한국환경공단에 지원한 동기가 무엇인가요?

⓬ 타 기업에 지원한 곳이 있나요?

⓭ 환경에 대해 어떻게 생각하나요?

⓮ 지구온난화에 대한 대책 방안에 관해 소개해 보세요.

⑮ 환경을 지키기 위해 본인이 실천하는 일 한 가지만 말해 보세요.

⑯ 10년 후 본인의 모습에 대해 말해보세요.

⑰ 입사를 준비하면서 가장 힘들었던 점은 무엇인가요?

⑱ 현재 가장 큰 환경문제는 무엇인가요?

⑲ 고도처리에 관해 설명해 보세요.

⑳ 사회간접시설이란 무엇인가요?

## 한국농어촌공사

❶ 농어촌 공사에 입사하기 위해 기울였던 노력에 대해 말해보세요.

❷ 농어촌 공사 설립기념일은 언제인가요?

❸ 주위에서 평가하는 농어촌공사의 이미지는 무엇인가요?

❹ 4차 산업 시대에 대비해 농어촌 공사의 발전 방향성에 대해 말해보세요.

❺ 조직을 위해 희생해 본 경험이 있나요?

❻ 맡고 싶은 직무에 관해 이야기해 보세요.

❼ 조직에서 친화력/적응력을 발휘했던 경험에 대해 말해보세요.

❽ 농어촌 공사가 앞으로 나아가야 할 방향에 대해 말해보세요.

❾ 스마트 워크제란 무엇인가요?

❿ 본인의 스트레스 해소 방법에 대해 말해보세요.

⓫ 농어촌 공사를 알게 된 계기가 무엇인가요?

⓬ 자신을 사물(색깔, 단어)로 표현해보고 이유에 대해 말해보세요.

⑬ 본인이 농어촌 공사에 기여할 수 있는 역량에 대해 말해 보세요.

⑭ 농지은행이란 무엇인가요?

⑮ 로컬 푸드의 문제점에 대해 말해보세요.

⑯ 경자유전에 대해 알고 있나요?

⑰ 국내 물 사용량 중 농업용으로 사용되는 물의 양에 대해 말해보세요.

⑱ 본인의 업무 분야 직무 외 활동 중 협업을 했던 경험과 성과에 대해 말해보세요.

⑲ 악성 민원인에 대한 대처방안에 대해 말해보세요.

⑳ 상사의 비리를 목격할 시 대처방안에 대해 말해보세요.

## 농어촌공사 토론 면접

❶ IOT를 이용한 토목 설계방안

❷ 농촌 저출산 원인과 대책 마련 방안

❸ 농촌 고령화 문제 해결방안

❹ 농업의 다원적 기능 및 역할

❺ 농촌 인구감소에 따른 대안

❻ 농촌 기반시설 확충방안

❼ 도농 교류 증진방안

❽ 농어촌 활성화 방안

❾ 쌀 소비량 증가 대안

❿ 쌀 재고율 낮추는 방법

⓫ 환경단체와 갈등 상황에서 농어촌 공사 직원으로서의 입장

⓬ 한국농어촌공사의 사회적 지원

## 03
## 군무원 붙어라! 군무원 면접

군무원 면접 성향에 맞춰 면접을 준비하려면 무엇보다 군무원만의 특징을 알아두는 것이 중요하다. 일반 공무원과는 달리 직무와 공직관에서 명확한 차이를 파악해야 한다. 군무원은 '1분 자기소개에서 면접의 시작을 알리는 것이다'라고 할 정도로 중요하기 때문에 그 부분을 임팩트있게 준비해야 한다. 또한 국가관과 안보관에 관련된 질문에 대한 답변을 준비하고 면접관의 입장에서 한 번 더 생각하는 것을 권유한다. 각 해당 군의 홈페이지에서 관련사항이나 시사 관련뉴스를 확인하자.

❶ 군무원에 지원한 동기에 대해 말해보세요.

❷ 군무원에 임용된다면 어떤 자세로 근무하겠습니까?

❸ 군무원은 어떤 일을 하는 사람인가요?

❹ 상사가 본인에게만 엄격하게 대한다면 어떻게 하겠습니까?

❺ 상사의 부당한 지시에 어떻게 하겠습니까?

❻ 지원한 직렬에 대해 말해보세요.

❼ 군무원과 공무원 차이점은 무엇이라 생각하나요?

❽ 더 좋은 조건으로 스카우트 제의가 왔다면 어떻게 하겠습니까?

❾ 이전 경력에 대해 말해보세요.

❿ 지원한 부대가 어떤 곳인지 알고 있나요?

⓫ 군무원은 근무조건이 힘들다고 알려져 있습니다. 괜찮으신가요?

⓬ 군무원 월급은 박봉인데 일할 수 있나요?

⓭ 군무원으로서의 포부에 대해 말해보세요.

⓮ 군무원이 갖춰야 할 자세에 대해 말해보세요.

⓯ 이라크 파병에 대한 본인 생각을 말해보세요.

⑯ 지금까지 살면서 가장 힘들었던 일과 극복 방법에 대해 말해보세요.

⑰ 양심적 병역거부에 대해 말해보세요.

⑱ 북핵 문제(또는 독도문제)에 대해서 어떻게 생각하나요?

⑲ 법과 도덕의 차이가 무엇이라고 생각하나요?

⑳ 친구들은 평소 본인을 어떻게 생각하나요?

㉑ 무인도에 가져갈 3가지를 말해보세요.

㉒ 공무원과 비교해 군무원의 장점에 대해 말해보세요.

㉓ 방산 비리에 대한 본인 생각을 말해보세요.

㉔ 성격의 장단점에 대해 말해보세요.

㉕ 여성이 직업을 가져야 하는 이유에 대해 말해보세요.

㉖ 근무지가 멀다고 배우자 혹은 가족이 그만둘 것을 권유한다면 어떻게 하겠습니까?

㉗ 가장 존경하는 사람을 말해보세요.

㉘ 격오지 근무를 해도 괜찮습니까?

㉙ 우리나라에 주한미군이 주둔하는 이유에 대해 말해보세요.

㉚ 군무원의 장점과 단점에 대해 말해보세요.

㉛ 본인의 국가관에 대해 말해보세요.

㉜ 남자 군무원과 여자 군무원의 차이점은 무엇인가요?

㉝ 최근 군의 상황에 대해 말해보세요.

㉞ ○○도 있는데 ○○ 군에 지원한 이유가 무엇인가요?
(육군, 해군, 공군, 해병)

㉟ 본인이 합격해야 하는 이유를 말해보세요.

㊱ 평소 하고 있는 자기개발을 말해보세요.

㊲ 업무와 집안일이 겹친다면 어떻게 하겠습니까?

㊳ 군무원으로서 근검, 절약하는 방법을 말해보세요.

㊴ 시간 외 근무에 대한 본인 생각을 말해보세요.

㊵ 만약 하기 싫은 일이 주어진다면 어떻게 하겠습니까?

㊶ 어떤 마음가짐으로 근무원에 임하겠습니까?

㊷ 상관의 지시와 본인의 생각에 대해 차이가 있을 때 어떻게 하겠습니까?

㊸ 어떤 사람을 상사로 모시고 싶은지 말해보세요.

㊹ 자신의 실수로 업무에 차질이 생겼다면 어떻게 하겠습니까?

㊺ 인생의 목표에 대해 말해보세요.

㊻ 상관이 지속적으로 무리한 일을 시키면 어떻게 하겠습니까?

㊼ 일과 개인 생활 중 어느 쪽이 더 중요한가요?

㊽ 최근 읽은 책을 소개해 보세요.

㊾ 인간관계에서 가장 중요한 것은 무엇인가요?

㊿ 본인의 좌우명 혹은 생활신조에 대해 말해보세요.

(51) 지금까지 살아온 일 중에서 자기에게 변화를 준 사건과 이유를 말해보세요.

(52) 자신의 단점과 보완하기 위해 했던 노력에 대해 말해보세요.

(53) 현재 보유하고 있는 자격증을 말해보세요.

(54) 공무원인 군무원이 갖춰야 할 자세가 있다면 무엇인가요?

(55) 국가 안보에 위협을 주는 자는 누구인가요?

(56) 합격 후 적응 기간이 주어지면 업무를 위해 무엇을 준비하겠습니까?

(57) 군인과 군무원의 차이점은 무엇인가요?

(58) 현재 국민 사이에 안보에 관한 의식이 점점 흐려지고 있습니다. 이에 대한 방안을 말해보세요.

❺❾ 10년 후의 나의 모습을 말해보세요.

❻⓪ 유독 본인에게 엄격한 상사에 대해 어떻게 생각하나요?

❻❶ 지원한 직렬이 하는 일에 대해 말해보세요.

❻❷ 북한이 핵무기 개발을 하는 이유가 무엇인가요?

❻❸ 육군 계급체계에 대해 말해보세요.

❻❹ 우리나라가 역사적으로 침입을 많이 받은 이유에 대해 말해보세요.

❻❺ 공무원 노조에 대한 본인 생각을 말해보세요.

❻❻ 본인의 실수로 업무에 차질이 생겼다면 어떻게 하겠습니까?

❻❼ 미군 감축에 관한 생각을 말해보세요.

❻❽ 보안이 필요한 문서는 어떻게 관리하겠습니까?

❻❾ 주적은 누구라고 생각하나요?

❼⓪ 조직 생활에서 가장 중요한 것은 무엇이라고 생각하나요?

❼❶ 육군(해군, 공군)의 역할에 대해 말해보세요.

❼❷ 본인이 군무원이 된다면 어떤 분야에서 도움이 될 것으로 생각하나요?

❼❸ 사드 배치에 대한 본인 생각을 말해보세요.

❼❹ 현재 사회적 문제에 대해 말해보세요.

❼❺ 북핵 문제에 대한 우리의 대처방안에 대해 말해보세요.

❼❻ 시간 외 근무에 대한 본인 생각을 말해보세요.

❼❼ 직장생활, 가정생활, 개인 생활의 조화를 어떻게 이루겠습니까?

❼❽ 나이 어린 상사를 어떻게 대하겠습니까?

❼❾ 일본의 독도 망언에 대한 본인 생각을 말해보세요.

❽⓿ 본인이 생각했던 업무와 맡은 업무가 다르다면 어떻게 하겠습니까?

❽❶ 업무상 스트레스는 무엇이 있을까요?

❽❷ 서해교전을 예를 들고 북한의 이중성에 대해 말해보세요.

❽❸ 군무원으로서 어느 직급까지 생각하나요?

❽❹ 군무원 준비 기간이 어느 정도 되나요?

❽❺ 어느 군대에 갔다 왔나요?

❽❻ 업무 메뉴얼과 효율성 중 무엇을 따르겠습니까?

❽❼ 후배의 업무 실수로 인해 계속해서 민원이 발생한다면 어떻게 하겠습니까?

❽❽ 군무원으로서 업무적 목표는 무엇이라고 생각하나요?

❽❾ 규율과 규칙의 차이, 법과 규칙의 차이가 무엇이라고 생각하나요?

❾⓪ 과정과 결과 중 무엇이 더 중요하다고 생각하나요?

❾❶ 도덕과 윤리의 차이점은 무엇인가요?

❾❷ 신속성과 정확성 중 무엇이 더 중요하다고 생각하나요?

❾❸ 본인에게만 지속적으로 과중한 업무를 준다면 어떻게 하겠습니까?

❾❹ 상사가 본인에게만 허드렛일을 시킨다면 어떻게 하겠습니까?

❾❺ 천안함 연평도 포격 사건을 어떻게 생각하나요?

❾❻ 군대의 부정적 이미지의 원인과 해결 방법을 말해보세요.

❾❼ 군무원으로서 본인이 생각하는 청렴은 무엇인가요?

❾❽ 국경일의 의미(3.1절, 제헌절, 광복절, 개천절, 한글날)에 대해 말해보세요.

❾❾ 평소 체력관리를 어떻게 하고 있나요?

❿⓪ 직무 관련 경험이 부족한데 업무에 잘 적응할 수 있겠습니까?

❶ 군 생활을 하면서 겪은 군수 분야의 문제점이 있었나요?
있었다면 해결방안은 무엇이라고 생각하나요?

❷ 내부조달과 외부조달에 관해서 설명해 보세요.

❸ 조달의 구체적인 품목과 시스템에 대해서 말해보세요.

❹ 국방예산 얼마인지 알고 있습니까?

❺ 국방 표준화에 대해 알고 있습니까?

❻ 군수란 무엇이라 생각합니까?

❼ 군무원 덕목(1가지만)을 말해보세요.

❽ 군수란 무엇이며, 군수의 8대 기능에 대해서 말해보세요.

❾ 수리 부속의 수령과정에 대해서 말해보세요.

❿ 1종부터 10종까지 군수품 종류에 대해 말해보세요.

⓫ 군수 업무에 있어 가장 중요한 것은 무엇인가요?

⓬ 국민으로서 본인은 어떤 사람인가요?

⓭ SCM에 대해서 아는 대로 설명해 보세요.

⓮ 호봉제와 성과제 중 무엇이 더 효율적인가요?

⓯ 방위력 개선 예산과 전력 운영비 얼마인지 알고 있나요?

⑯ 군수직 군무원이 무엇인지 알고 있나요?

⑰ 군수 업무에 대하여 설명하고 그중 본인이 가장 잘 할 수 있는 업무와 그 이유에 대해 말해보세요.

⑱ 군수의 8대 기능을 말해보고 그 중 PX(BX)업무는 어디에 속합니까?

⑲ 군수품이 무엇이라고 생각합니까? 군수품을 운영하는데 군무원으로서 어떻게 해야 한다고 생각합니까?

⑳ 군수직 발령 시 행정 또는 현장으로 가는데, 어떻게 일하겠습니까?

## 직렬면접_전기직

❶ 전기 직렬 관련 자격증은 무엇을 가지고 있나요?

❷ 전기직은 야간작업이나 불시에 하는 작업도 많을 텐데 괜찮습니까?

❸ 부대에 따라 전신주를 타고 올라가야 점검이 가능한 곳도 있습니다. 고소공포증은 없나요?

❹ 전기팀이나 혹은 설비팀, 아니면 그 외 하고 싶은 직무가 있나요?

❺ 국민을 대상으로 전기안전 의식 고취를 위한 홍보를 해 보세요.

❻ 접지공사의 종류와 해당하는 공사에 사용하는 저항값을 아는 대로 설명해 보세요.

❼ 전기공사에 사용되는 도구에 대해 아는 대로 말해보세요.

❽ 소지하고 있는 자격증은 무엇이 있습니까?

❾ 전기현장 관리를 해 본 적이 있습니까?

❿ 다이오드를 순방향으로 두 개 연결하면 무슨 회로가 됩니까?

⓫ 본인이 다른 사람들보다 어떻게 일을 잘 할 수 있다고 생각합니까?

⓬ 전기와 관련된 경험이 있다면 말해보세요.

⓭ 태어나서 만져본 가장 큰 전압이 얼마 정도 되는지 말해 보세요.

⓮ 직류에서 전압 범위에 대해서 말해보세요.
(저압, 고압, 특고압은 몇 볼트인가)

⓯ 특고압을 실제로 취급해본 적이 있는지 말해보세요.

⓰ PLC이란 무엇인지 설명해 보세요.

⓱ 유접점회로와 무접점회로에 대해 설명해 보세요.

⓲ 상관과 업무 마찰 시 어떻게 하겠습니까?

⓳ 피뢰기를 어디에 설치해야 하나요?

⓴ 특고압을 취급해 본 경험이 있습니까?

㉑ 피뢰기의 역할과 설치장소에 대해서 말해보세요.

㉒ 단상과 3상의 차이에 대해서 말해보세요.

㉓ 접지의 종류에 대해서 말해보세요.

㉔ 직류와 교육의 차이점에 대해서 설명해 보세요.

㉕ 현재 면접실에 추가해야 할 전기설계에 대해서 말해보 세요.

㉖ 지금 정전이 된다면 어떻게 하겠습니까?

## 직렬면접_시설직

❶ 직무 관련해서 가진 본인만의 장점을 말해보세요.

❷ 수격작용에 관해 설명해 보세요.

❸ 시설관련 자격증이 있나요?

❹ 유지보수에서 제일 중요한 요인이 무엇이라고 생각합니까?

❺ A급, B급, C급 화재에 관해서 설명해 보세요.

❻ 시설 쪽으로 근무경력이 얼마나 되나요?

❼ 무슨 업무를 맡아 보셨나요?

❽ 시설관리 공사에 대해 설명해 보세요.

❾ 에어컨 냉매 주입 시 압력은 얼마인가요?

❶ CDMA가 무엇인지 설명해 보세요.

❷ 로밍에 대해서 말해보세요.

❸ 4G와 5G의 차이점은 무엇인가요?

❹ 유비쿼터스 와 RFID를 설명해 보세요.

❺ IT분야 중 정보통신의 미래에 대해서 어떻게 생각하나요?

❻ 정보통신의 경쟁력을 강화하기 위한 방법은 무엇이 있다고 생각하나요?

❼ 대학에서 본인이 이 전공을 선택한 이유는 무엇인가요?

❽ 새로운 이동통신 기술이 무엇이며, 이것을 군에 어떻게 적용할 수 있는지 말해보세요.

❾ 5G에 대해서 설명해 보세요.

❿ 광케이블에 대해서 말해보세요.

⓫ 코딩과 HDB3에 대해 설명해 보세요.

⓬ 아날로그 신호와 디지털 신호에 대해 설명해 보세요.

⓭ 현재 발전하고 있는 통신기술 중에 군에 적용할 수 있는 기술이 있다면 말해보세요.

⓮ PSK와 OPSK의 차이점에 대해 말해보세요.

**⑮** FDM과 TDM에 관해 설명해 보세요.

**⑯** IPTV가 무엇인가요?

**⑰** Voip가 무엇인가요?

**⑱** RFID에 대하여 설명해 보세요.

**⑲** 다중화의 개념과 FDM과 TDM에 관해서 설명해 보세요.

**⑳** Wibro 통신기술에 관해서 설명해 보세요.

**㉑** 통신직 근무 시 통신할 때 단문 메시지(SMS)를 보내야
할 경우에 어떤 주파수 대역을 이용해야 하는지와 이유
에 대해 말해보세요.

❶ 전차직 군무원이 하는 일에 대해 말해보세요.

❷ 변속기에 관해서 설명해 보세요.

❸ 우리나라 전차 궤도에 고무패드가 달려있는지 알고 있나요?

❹ 전차는 왜 무한궤도를 사용하는지 알고 있나요?

❺ 싱글핀 방식과 더블핀 방식의 차이점을 설명해 보세요.

❻ 검은색 배기가스가 나오는 이유가 무엇인가요?

❼ 우리나라에서 개발한 최초의 전차는 무엇인가요?

❽ 3세대 전차와 3.5세대 전차는 무엇으로 구분하나요?

❾ 전차 정비 시 유의사항에 관해 설명하세요.

❿ 수냉식 엔진과 과열 원인은 무엇인가요?

⓫ 전차의 주 임무에 관해 설명해 보세요.

⓬ 전차를 운용이나 시험, 정비를 하다 보면 인적, 실적 손해가 발생합니다. 이로 인해서 국민의 세금이 실추되는 일도 있고 때로는 민가에 피해가 있을 수도 있습니다. 이에 대한 본인의 생각을 말해보세요.

⓭ 장갑차 제동장치 고장 시 점검 사항으로는 무엇이 있습니까?

## 직렬면접_행정직

❶ 우리나라는 성장 위주의 정책과 복지 위주의 정책 중 어디에 집중한다고 생각하나요?

❷ 국가 안보 의식을 높이는 방법에는 무엇이 있다고 생각하나요?

❸ 부당결부금지란 무엇인가요?

❹ 보고서 작성 원칙과 문서 통합 시스템에 대해서 아는 대로 설명해 보세요.

❺ 법의 기본원칙은 무엇인가요?

❻ 행정업무 관련된 일을 해 본 경험이 있나요?

❼ 업무에 필요한 자격증이 있나요?

❽ 행정학을 꼭 배워야 하는 이유가 무엇입니까?

❾ 특정직 공무원과 특수직 공무원의 차이에 대해서 말해 보세요.

❿ 행정학도로서 사회보장제도에 대한 견해 및 4대 보험의 종류와 그에 대해 설명해 보세요.

⓫ 특정직 공무원 중에서 경찰, 소방 공무원 등은 공무원이라 불리는데 왜 유독 군무원만 공무원이라 불리지 못하고 군무원이라 불리는지 알고 있나요?

## 직렬면접_차량직

❶ 주행 중 차가 시동이 꺼졌습니다. 그 이유가 무엇인가요?

❷ ABSD에 대해 설명해 보세요.

❸ 밸브 오버랩과 터보차저의 차이에 관해 설명하세요.

❹ 연료분사 펌프 조건에 관해 설명하세요.

❺ 엔진 등 중량물에 대한 교체작업 경험이 있습니까?

❻ 브레이크 작동 원리에 관해 설명하세요.

❼ 발전기 분해 순서를 말해보세요.

❽ 발전기 작동 원리에 관해 설명하세요.

❾ 일반 발전기와 차량용 발전기의 차이점은 무엇인가요?

❿ 발전기의 적용법칙이란 무엇인가요?

⓫ 발전기 내부 전류의 흐름에 관해 설명하세요.

⓬ 휠 실린더 교체 방법에 관해 설명해 보세요.

⓭ 디젤 차량 중 고장이 많이 나는 부분이 어디인가요?

## 직렬면접_탄약직

1. 와셔(wasa)탄약이 무엇인지 설명해 보세요.

2. 고폭계열탄도란 무엇인가요?

3. 노이만 효과란 무엇인가요?

4. 먼로 효과란 무엇인가요?

5. 재래식 탄약과 기타 특수 탄약의 종류에 대해 아는 내로 설명해 보세요.

6. APFSD란 무엇인가요?

7. 전차 탄에 대해서 아는 대로 설명해 보세요.

8. DODIC에 대해 아는 대로 설명해 보세요.

9. 재래식 탄약과 기타 특수 탄약의 종류를 아는 대로 설명해 보세요.

10. 탄약직 군무원의 업무가 무엇인지 알고 있습니까?

11. 화약, 폭약, 화공품의 정의에 대해서 말해보세요.

12. 탄약과 유도탄의 차이에 대해서 말해보세요.

13. 화약의 분류 중 법령에 따른 분류로는 화약, 폭약, 화공품이 있는데 각각의 종류 2개씩을 말해보세요.

14. 장약과 작약에 대해 아는 대로 말해세요.

⓯ LOT번호에 대해 알고 있습니까?

⓰ 육군 탄약 관리병인데 왜 해군 탄약에 지원했습니까?

## 직렬면접_전자직

❶ 형광등의 주파수에 대해 말해보세요.

❷ 형광등의 신호는 교류인가요, 직류인가요?

❸ 타 지역에 군 시설이 들어서야 합니다. 지역주민의 반대
에 어떻게 설득하겠습니까?

❹ kcl, kvl에 대해 설명해 보세요.

❺ 피뢰기 설치는 어디에 하는지 알고 있나요?

190   21가지 착! 붙는 면접 대화의 기술

## 직렬면접_기계직

❶ 상향절삭과 하향절삭의 특징은 무엇인가요?

❷ 열처리 방법에 관해 설명해 보세요.

❸ 에어컨의 구조에 관해서 설명해 보세요.

❹ 기계직 군무원으로 발휘할 수 있는 역량에 대해 말해보 세요.

❺ 소방 설비에 대해 알고 있나요?

❻ 열역학 1법칙과 2법칙을 설명해 보세요.

❼ 냉동기의 종류는 무엇이 있나요?

## 직렬면접_유도무기

① 뉴턴의 물리법칙에 대해서 말해보세요.

② 육군 유도무기의 종류에 대해 말해보세요.

③ 플레밍의 왼손 법칙에 관해 설명해 보세요.

④ 유도무기를 일반인에게 알기 쉽게 설명한다면 어떻게 설명하겠습니까?

⑤ 오실로스코프를 사용해 본 적이 있습니까?

⑥ 지상 유도무기와 수중 유도무기 유도방식의 차이점은 무엇입니까?

## 04

# 대학 붙어라! 대입 면접

대학교 입시면접은 학생을 대상으로 이루어지는 면접이기 때문에 학업에 대한 계획과 구체적이고 명확한 지원동기에 관한 질문은 빠지지 않는다. 대입면접은 입학 후 학업을 수행할 능력과 전공에 대한 관심과 열정까지도 잊지 않기 때문에 10년 후 본인의 모습에 대해 질문하는 경우가 많다. 혹은 좋아하는 과목과 그 부분에 대해 노력을 기울였던 모습과 고교시절 기억에 남는 활동 등을 꼭 생활기록부에서 확인해서 매치시키도록 하자.

❶ 우리 대학에 지원한 이유는 무엇입니까?

❷ 우리 학과 및 전공에 관심을 두게 된 이유는 무엇인가요?

❸ 입학 후 학업 계획에 대해 말해보세요.

❹ 학생이 우리 학과의 인재상과 적합한지 이야기해 보세요.

❺ 지금까지 가장 보람되었던 일, 가장 후회되었던 일 무엇 인지 설명해 보세요.

❻ 입학 후 취득하고 싶은 자격증은 무엇입니까?

❼ 대학생이 되었을 때 꼭 해보고 싶은 3가지(가장 먼저 해 보고 싶은 것은)는 무엇입니까?

❽ 우주여행 또는 혼자 무인도에 혼자 가게 된다면 가져가 고 싶은 물건 3가지를 말해보세요.

❾ 신조어에 대한 본인 생각을 말해보세요

❿ 공중도덕을 지켜야 하는 이유는 무엇이라고 생각합니까?

⓫ 4차 산업혁명은 무엇이며, 그로 인한 미래에 일어날 변 화에 대해 본인의 생각을 말해보세요.

⓬ 우리나라 교육열이 높은 편인데, 이러한 교육열이 우리 교육 현장에 미치는 영향은 무엇인가요?

⓭ 본인이 생각하는 직업이 사회에 어떤 기여를 할 수 있다 고 생각합니까?

⑭ 본인이 대학을 선택할 때 어떤 기준을 고려하여 선택하였나요?

⑮ 본인은 지원대학의 인재상과 교육목표에 부합하는 학생인가요?

⑯ 우리 학과에 오기 위해 노력했던 경험에 대해 말해보세요.

⑰ 진로를 위해 롤모델로 삼고 있는 사람이 있다면 누구인가요?

⑱ 전공 선택 시 부모님의 의견은 어떠했나요?

⑲ 우리 전공은 5차 산업 시대에 어떤 역할을 할까요?

⑳ 학교생활 중 갈등을 경험했던 일과 그를 극복했던 사례에 대해 말해보세요.

㉑ 학교생활 중 목표를 설정하여 도전해 본 경험이 있나요?

㉒ 싫어하는 사람과 같은 팀이 되어 프로젝트를 해야 한다면 어떻게 행동하겠습니까?

㉓ 본인 성격의 장단점에 대해 말해보세요.

㉔ 가장 기억에 남은 칭찬을 들은 후 자신에게 어떤 영향이 되었는지 말해보세요.

㉕ 타인을 배려했던 경험에 대해 말해보세요.

㉖ '열심히 하는 것'과 '잘하는 것' 중 무엇이 더 중요하다고 생각하나요?

㉗ 스트레스 해소 방법에 대해 말해보세요.

㉘ 리더십을 발휘했던 경험에 대해 말해보세요.

㉙ 가장 중요하게 여기는 가치는 무엇인가요?

㉚ 본인의 좌우명을 소개해 보세요.

㉛ 고교 시절 기억에 남는 나눔 또는 배려 활동은 있나요?

㉜ 최근 몇 년간의 지역/세대/계층/남북 간의 분열 및 소통 부재와 해결 방법은 무엇이 있을까요?

㉝ 길을 찾는 외국인을 만났을 때 어떻게 하겠습니까?

㉞ 한국사 중 가장 기억에 남는 시대와 사건은 무엇입니까? 그 이유는 무엇입니까?

㉟ 지원한 학과(전공)와 관련된 소질이나 특기가 있나요?

㊱ 청소년의 흡연으로 인한 사회적으로 미치는 영향에 관해 설명해 보세요.

㊲ SNS의 이용 목적은 무엇입니까?

㊳ 가장 기억에 남는 책(영화)은 무엇이고, 그 내용은 무엇이었습니까?

❸❾ 평소 문제점이 발생했을 때 누구와 의논하나요?

❹⓿ 팀 작업을 할 때 내가 생각하는 방향과 다른 방향으로 결정된다면 어떻게 하겠습니까?

❹❶ 미래 유망할 것으로 기대되는 기술이나 직업을 하나 들고 근거를 설명해 보세요.

❹❷ 출산율 저하로 인한 인구 감속에 대한 대책은 무엇이라고 생각합니까?

## 교대·사범대

❶ 교사에게 요구되는 가장 중요한 자질이 무엇이며 그 이유를 말해보세요.

❷ 교사가 되어 학급 담임을 맡는다면, 담임교사로서 학급을 어떻게 운영해가고 싶습니까?

❸ 교사가 되어, 학교에 부적응한 학생을 만나면 어떻게 지도하는 것이 좋을까요?

❹ 유아 교사, 초등학교 교사, 중등학교 교사가 다른 점은 무엇이라고 생각합니까?

❺ 교사가 되었을 때 본인의 강점은 무엇이라고 생각하나요?

❻ 자신만의 공부 방법과 그로 인한 효과가 어떠했는지 말해보세요.

❼ 현재 우리나라 교육의 현실과 앞으로 나아가야 할 방향에 대해 말해보세요.

❽ 본인이 생각하는 학생들의 인성교육을 위한 효과적인 지도 방법이 있다면 말해보세요.

❾ 앞으로 다가올 5차 산업에서 교사의 역할은 무엇이 있을까요?

❿ '교사의 전문성'은 무엇이라고 생각하며, 교사로서 전문성 신장을 위해 어떤 노력을 기울일 것인지 말해보세요.

⓫ 입학 후 학업 계획에 대해 말해보세요.

⓬ 교사 1인당 적합한 학생 수는 몇 명이며, 이유가 무엇인지 말해보세요.

⓭ 수업 참여에 수동적인 학생들을 어떻게 수업에 참여시킬 건가요?

⓮ 본인이 교사가 된다면 문제행동을 보이는 학생을 어떻게 지도하겠습니까?

⓯ 교사가 되었을 때, 학부모가 교사에게 불만을 느끼고 항의한다면 어떻게 대처할지 말해보세요.

⓰ 자신만의 교육철학을 구체적으로 말해보세요.

⓱ 사교육을 줄일 수 있는 본인만의 생각이 있다면 구체적으로 말해보세요.

⓲ 최근 코로나19로 온라인 교육이 실행되었는데 '온라인 교육'의 장단점에 대해 말해보세요.

❶ 태아의 성감별은 윤리적으로 허용될 수 있는가에 대한 본인의 생각은 무엇입니까?

❷ 운동을 하다가 친구가 발목을 삐끗하여 고통을 호소하고 있다면, 무엇을 할 것이며, 어떠한 응급처치가 필요한지 말해보세요.

❸ 전국내학에 간호학과 개설 및 학생 모집인원이 증가하고 있습니다. 이러한 이유는 무엇이라고 생각하나요?

❹ 간호사(치위생사, 작업치료사 등)로서 가장 필요한 자질은 무엇이라고 생각합니까?

❺ 간호사(치위생사, 작업치료사 등)는 어떤 업무를 하는 사람이라고 생각하나요?

❻ 간호사(치위생사, 작업치료사 등)에게 어울리는 복장은 무엇이라고 생각합니까?

❼ 청소년의 흡연으로 인한 사회적으로 미치는 영향에 관해 설명해 보세요.

❽ 우리 몸의 심장과 혈액순환에 관해 설명해 보세요.

❾ 건강증진의 개념에 관해 설명해 보세요.

❿ 동물 세포에서 DNA를 함유하며 이중막 구조를 가지고 있는 세포 소기관 2가지는 무엇인가요?

❶ 스마트폰 및 스마트 기기가 가져다준 긍정적인 면과 부정적인 면 하나씩만 이야기해 보세요.

❷ 환율의 하락과 상승이 경제에 미치는 영향에 대하여 알고 있는 것에 대해 말해보세요.

❸ 고령화되어가는 사회에서 불안한 노후, 부족한 노인복지에 대한 문제점과 해결책 방안에 대해 말해보세요.

❹ 시민단체 중 활동해 보고 싶은 시민단체가 있습니까?

❺ 김영란법(깨끗한 사회를 위해 필요하지만, 자영업자들의 수입이 줄었다는 부분)에 대한 의견과 사회 양극화 문제(부의 재분배, 소외 계층에 대한 사회적 배려, 비정규직 증가 및 차별)에 대한 생각은 무엇인가요?

❻ 부자는 가난한 사람보다 더 많은 세금을 내야 한다는 주장에 관한 생각을 말해보세요.

❼ 대학 졸업 후(또는 10년 후) 자신의 모습에 대해 말해보세요.

❽ 어떤 나라가 가장 삶의 질이 높다고 생각하는지 말해보세요.

❾ 경영학과(지원학과)에 지원한 만큼 본인이 평소 감명받은 경영인(전공관련자)에 대하여 설명해 보세요.

## 정치외교학

**❶** 외교관이 가져야 할 자질에 대해 말해보세요.

**❷** 정치권의 복지공약 중 가장 인상 깊었던 것은 무엇이며, 왜 그렇게 생각하는지 설명해 보세요.

**❸** 사드배치로 인한 중국과의 갈등에 대해서 어떻게 생각합니까?

**❹** 정치에 관심을 갖게 된 계기가 있나요?

**❺** 논의에 있어서 찬반이 극명할 때 어떻게 해결할 수 있나요?

**❻** 최근 관심을 갖고 있는 정치, 사회 이슈가 있나요?

**❼** 정치, 사회에 대한 정보를 어디서 얻고 있나요?

**❽** 본인의 진로가 향후 사회에 기여할 수 있는 점은 무엇인가요?

**❾** 학급 활동에서 다수결 원칙이 가지는 한계점은 무엇인가요?

**❿** FTA가 우리나라 경제에 미치는 영향에 관해 설명해 보세요.

**⓫** 헬조선이라는 의미가 무엇이며, 이런 말이 생겨난 배경에 대해 말해보세요.

⓬ 아시아 게임 혹은 기타 국제 대회를 개최할 때 적자가 생기는 것을 피하기 어렵습니다. 그럼에도 불구하고 이런 국제 대회를 개최해야 하는지에 관한 생각과 이유를 말해보세요.

⓭ 공선사후(사사로운 일이나 이익보다 공사나 공익을 앞세우는 것)에 대해 어떻게 생각하나요?

⓮ 사드배치로 인한 중국과의 갈등에 대해 어떻게 생각하나요?

⓯ 외교관의 자질에 대해 말해보세요.

⓰ 소득에 따른 범칙금 제도에 대한 자신의 의견을 말해보세요.

⓱ 모두 평등하게 주는 행정적 처벌에 대해 어떻게 생각하나요?

⓲ 정치란 무엇이라고 생각하나요?

⓳ 자신이 가장 존경하는 역사 속의 정치인은 누구인가요?

⓴ 정치와 관련된 프로그램을 시청하나요?

㉑ 정치와 관련해서 했던 교내활동에 대해 이야기해 보세요.

㉒ 본인이 보기에 소통의 정치가 가장 잘 이루어진 정권은 어느 시기라고 생각하나요?

㉓ 사회적 가치와 개인의 신념이 충돌할 때는 어떻게 해야 하나요?

㉔ 본인이 도움을 주고 싶거나 관심이 있는 나라가 있나요?

㉕ 사회적 소수자에 대해 지원한 전공 분야와 관련해 해결 방안을 이야기해 보세요.

㉖ 정치와 관련된 SNS에서의 폐단을 말해보세요.

㉗ 우리나라가 해외원조를 할 필요가 있다고 생각하나요?

㉘ 현대사회에 고전이 필요가 이유가 무엇인가요?

## 환경 계열

① 지구온난화로 인한 우리와 생태계에 미치는 영향을 설명해 보세요.

② 개발과 보존이라는 두 가치 간의 관계에 대하여 설명해 보세요.

③ 실생활에서 느끼는 환경문제가 있다면 예를 들어 설명해 보세요.

④ 쓰레기 매립지의 문제점은 무엇일까요?

⑤ 미세먼지의 발생 원인은 무엇인가요?

⑥ 플라스틱의 재활용이 잘되지 않는 이유는 무엇인가요?

⑦ 신재생에너지 중 우리나라에 가장 적합한 분야와 그 이유에 대해 말해보세요.

⑧ 미세먼지와 황사와의 관계에 관해 설명해 보세요.

⑨ 신재생에너지와 환경과의 관계에 관해 설명해 보세요.

⑩ 기초교과목 중 과학 교과의 흥미와 관심 정도는 어느 정도인가요?

⑪ 과학이나 환경 관련 동아리 또는 탐구 활동에 대한 경험이 있나요?

⑫ 미세먼지의 원인 및 극복 가능한 대책에 대해 말해보세요.

⑬ 신재생에너지에 대한 의견을 말해보세요.

## 홍보 계열

**❶** 최근 접한 광고(TV, 신문, 잡지 등) 중에 가장 인상 깊었던 광고는 무엇이며 그 이유를 말해보세요.

**❷** 광고 기획자와 제작자의 차이는 무엇인가요?

**❸** 본인이 만들고 싶은 광고는 무엇인가요?

**❹** 본인이 사는 지역을 PR해 보세요.

**❺** 키워드로 자신을 설명해 보세요.

**❻** S전자에서 가격과 성능 측면에서 일본제품을 압도하는 500만 화소 보급형 디지털카메라가 개발되었습니다. 학생이라면 어떻게 광고를 만들겠습니까?

**❼** 광고와 홍보의 차이점에 대해 아는 대로 말해보세요.

**❽** 광고 홍보 관련직을 아는 대로 말해보고 업무 특성에 대해 말해보세요.

**❾** 국가에서 담배도 판매하고 금연 공익광고도 만들고 있는데 모순 아닌가요?

**❿** 자신을 광고한다면 어떤 식으로 홍보하겠습니까?

**⓫** SNS하고 있나요? 하고 있다면 장단점에 관해 설명하고 광고에 활용할 수 있는 방안에 대해 말해보세요.

**⓬** 매스미디어와 소셜미디어의 차이는 무엇인가요?

⑬ 커피는 ○○이다. 빈칸을 채워보고, 이유를 말해보세요.

⑭ 개인의 이익과 집단의 이익이 상충될 때 어떤 것을 우선 시하겠습니까?

⑮ 지금까지 봤던 영상 중 가장 큰 감동을 받은 영상을 소개 하고 이유를 말해보세요.

⑯ 가장 감명 깊게 봤던 카피가 있다면 이야기해 보세요.

⑰ 어떤 광고를 만드는 제작자가 되고 싶은가요?

❶ DNA는 어떤 특징을 가지고 있나요?

❷ 유전자는 무엇인가요?

❸ 길러 본 동·식물 중 인상 깊었던 것이 있다면 그때 알게 된 생명 과학적 논리를 설명해 보세요.

❹ GMO에 대해 알고 있습니까?

❺ GMO에 대한 의견을 말해보세요.

❻ 물질(또는 전해질, 세포, 자연과학, 광합성, 화학)이란 무엇인가요?

❼ 바이오산업의 정의와 현황에 관해서 설명해 보세요.

❽ RED BIO에 대해 설명해 보세요.

❾ 미생물의 유전자 조작이 옳다고 생각하나요?

❿ 코로나19 사태에 대한 본인의 생각을 말해보세요.

⓫ 생명과학에서 가장 좋아하는 단원은 어느 부분인가요?

⓬ DNA와 RNA의 핵산 구조와 특징과 차이점에 대해 말해보세요.

⓭ 실험동물을 이용한 약품 개발에 대한 생각을 말해보세요.

## 건축학

❶ 건축공학과와 건축학과의 다른 점에 대해 말해보세요.

❷ 친환경건축이란 무엇이라고 생각하나요?

❸ 기억에 남는 건축물과 그 이유는 무엇인가요?

❹ 롤모델은 누구인가요?

❺ 건축 분야에 어떤 것들이 있나요?

❻ 건축 관련 직업을 갖고 싶은 이유는 무엇인가요?

❼ 4차 산업에서 건축가의 역할은 무엇이며 본인의 생각을 말해보세요.

❽ 본인이 생각하는 건축이란 무엇인가요?

❾ 건축에 관련된 기억에 남는 책을 소개해 보세요.

❿ 건축학에는 다양한 분야가 있는데 가장 관심 있는 분야는 무엇인가요?

⓫ 수학이 건축에 사용된 예시에 대해 알고 있는 내용이 있으면 말해보세요.

⓬ 스마트 워크 시대에 도시와 건축의 달라지는 점에 대해 말해보세요.

⓭ 친환경건축이란 무엇이라고 생각하나요?

❶ 과학탐구 과목 중 가장 좋아했던 과목은 무엇입니까?

❷ 식품과 의약품의 차이점을 설명해 보세요.

❸ 앞으로 사회에 경쟁력 있는 인재란 무엇이라고 생각하는가를 설명해 보세요.

❹ 과학탐구 과목 중 가장 싫어했던 과목은 무엇인가요?

❺ 고화질 CCTV가 유발할 수 있는 사회적인 문제를 말해 보세요.

❻ 우리나라에서 과학 분야 노벨상 수상자가 나오지 않는 이유에 대해 말해보세요.

❼ 주기율표를 꼭 외워야 하나요?

❽ 종교와 과학의 대립에 대해 어떻게 생각하나요?

❾ 생명과학을 공부하면서 가장 어려웠던 점은 무엇인가요?

❿ 낙태 이슈에 대한 입장을 말해보세요.

⓫ 연구자로서 가장 중요한 덕목은 무엇인가요?

⓬ 수평의 자기장과 수직의 자기장 속 (+) 전하는 어떤 궤도로 운동하나요?

⓭ 설탕을 물에 쉽게 녹이는 방법 3가지를 설명하세요.

❹ 두 벡터가 이루는 각 내적을 이용해 두 평면이 이루는 각
은 무엇인가요?(법선벡터)

❺ 이면각을 구하는 방법에 관해 설명하세요.

❻ 리더퍼드의 실험을 설명하세요.

❶ 본인이 관심 있는 IT분야에 대해서 설명해 보세요.

❷ 섯다운제에 대해 설명하고 이것이 미치는 영향은 어떠한 것들이 있는지 말해보세요.

❸ 스마트폰의 운영체제 종류와 스마트폰의 장단점을 설명해 보세요.

❹ 알파고와 이세돌 9단의 대결로 이슈가 되었는데, 인간이 로봇으로 대체될 수 있는 것에 대한 장단점은 무엇인가요?

❺ 학생이 알고 있는 기계제품 중 하나를 선택하여 작동 원리를 설명할 수 있습니까?

❻ 로봇 기술의 발전으로 인한 장단점을 이야기해 보세요.

❼ 전기·전자란 무엇입니까?

❽ 오늘 면접장까지 오는 동안 이용했던 기기나 장치 중에서 전기 에너지가 없으면, 작동이 안 되는 제품을 말해보세요.

❾ 나노란 무엇인가요?

❿ 비트코인 같은 가상화폐에 관한 이야기가 많은데, 가상화폐에 대한 의견을 말해보세요.

⓫ 이공이나 공학계열 기피 현상에 대한 원인과 대책은 무엇이라고 생각하나요?

⑫ SNS 사용 확산의 순기능과 역기능은 무엇이라고 생각 합니까?

⑬ 프로그램을 제작한다고 가정했을 때 만들고 싶은 프로 그램이 있나요?

⑭ 가속도와 속도의 의미와 두 단어의 차이점에 대해 말해 보세요.

⑮ 벡터(Vector)와 스칼라(Scalar)의 차이점과 벡터의 구성 요소에 관해 설명하세요.

⑯ 비트(Bit)와 바이트(Byte)의 차이에 관해 설명하세요.

⑰ PC와 모바일 기기의 공통점과 차이점에 대해 말해보세요.

⑱ 동굴에서 분필 1개와 횃불만을 들고 길을 잃었을 때, 입 구를 찾는 방법을 설명하세요.

⑲ 마이크로프로세서의 의미는 무엇인가요?

⑳ 알고리즘에 관해 설명하세요.

㉑ 야후가 해킹된 이유에 관해 설명하세요.

㉒ 컴퓨터 데이터가 있을 때 평균을 구하는 프로그래밍을 해보세요.

㉓ 발명과 컴퓨터 공학은 어느 정도 관련이 있는지 말해보 세요.

㉔ 1부터 100까지 홀수의 합을 구하는 프로그래밍을 해보세요.

㉕ 컴퓨터가 인간의 사고 능력을 저하한다는 주장에 대한 본인의 생각을 말해보세요.

㉖ 인터넷 익명성에 따른 문제점과 대책을 말하세요.

㉗ 과학과 공학의(또는 자연과학과 기술과학의 차이점) 차이점은 무엇이라고 생각합니까?

## 디자인 계열

❶ 자동차의 가격을 결정 시, 디자인 가치는 어느 정도 된다고 생각합니까?

❷ 머천다이징 디자인에 대해 알고 있습니까?

❸ 현재 사용이 가능한 컴퓨터 그래픽 프로그램은 무엇인가요?

❹ 학과에서 가장 배우고 싶은 과목이나 관심 있는 분야는 무엇인가요?

❺ 통일이 되면 디자인하고 싶은 것은 무엇이 있나요?

❶ 대기업의 골목상권이나 중소기업 사업 분야 진출에 대해서 어떻게 생각하나요?

❷ 한국 국가 경쟁력 하락에 관한 생각을 말해보세요.

❸ 단톡법으로 인한 문제점은 무엇이라고 생각하나요?

❹ 대기업 우선 정책과 수출 위주의 정책이 우리에게 미치는 영향은 무엇이 있나요?

❺ 우리나라 호텔/관광/외식/일반경영 분야 본인이 관심 있는 분야의 산업을 활성화하기 위한 아이디어가 있으면 설명해 보세요.

❻ 영국의 EU탈퇴로 인한 국제 변화와 우리에게 미치는 영향은 무엇이 있나요?

❼ 비정규직의 정규직화에 대한 부분과 기간제 교사 정규직화 요구의 차이점과 의견에 대해 말해보세요.

❽ 달러 강세, 엔화와 원화 가치 하락 등으로 인한 물가 및 수출의 영향력에 대해 말해보세요.

❾ 외화보유액과 통화 스와핑에 대해서 설명해 보세요.

❿ 국내 기업의 자국민에 대한 차별 논란에 관해서 이야기해 보세요.

⓫ 최저임금과 최저임금은 상승의 장단점과 미치는 영향에 대해 말해보세요.

⓬ 환율의 하락과 상승이 경제에 미치는 영향에 대하여 아는 대로 말해보세요.

⓭ FTA 재협상이 논의된다고 합니다. 우리나라 경제에 미치는 영향에 관해 설명하세요.

⓮ 세계화의 긍정적/부정적 내용은 무엇입니까?

⓯ 환율이란 무엇인가요? 환율 변동에 따른 영향에 대해서 말해보세요.

⓰ 기업의 사회적 책임에 대해 자신의 의견을 말해보세요.

⓱ 경영학과에 지원한 만큼 본인이 평소 감명받은 경영인에 대하여 설명해 보세요.

⓲ 인플레이션, 스태그플레이션, 디스플레이션은 어떻게 다른지 설명해 보세요.

⓳ 담뱃값이 인상/하가 이슈인데, 담뱃값에는 세금이 포함하는데, 이 세금은 왜 내는 것입니까? 종교인에 대한 과세 논란이 있는데, 어떻게 생각합니까?

⓴ 휴일 확대를 통한 내수 진작을 이야기하는데, 이에 대한 의견은 무엇입니까?

㉑ 전문 분야에서 실력과 인성 중 어느 것이 더 중요하다고 생각하나요? 그 이유는 무엇인가요?

## 05

# 임원 승급 붙어라! 임원 면접

임원 면접은 면접에서 곧 마지막을 의미한다. 마지막 관문이라는 것은 그만큼 중요하다는 것을 의미하기도 한다. 임원 면접은 기업에서 20년 이상 된 현직자로 구성되어 있으며 그 조직에 관한 인재가 될 수 있는지를 보여주는 면접이다. 임원 면접은 의외로 간단하게 생각하면 쉽다. 회사의 홈페이지를 미리 보고 회사의 인재상부터 조직의 문화, 비전, 해당 연도의 사업내용을 반드시 확인하자.

❶ 우리 회사에 대해 아는 대로 말해보세요.

❷ 우리 회사에 입사하고 싶은 이유를 말해보세요.

❸ 다른 회사에 지원하였나요?

❹ 해당 직무에 지원한 이유와 본인이 그 직무에 적합하다고 생각하는 이유를 말해보세요.

❺ 지원한 직무에 대해 무슨 일을 하는지 알고 있나요?

❻ 지원한 직무를 수행하는데 필요한 역량은 무엇인가요?

❼ 회사를 선택하는 기준이 무엇이며, 우리 회사가 그 기준에 부합하는지 말해보세요.

❽ 입사 후 포부에 대해 말해보세요.

❾ 10년 후 본인의 모습에 대해 말해보세요.

❿ 우리 회사의 업종에 대해 말해보세요.

⓫ 우리 회사 핵심가치, 미션, 인재상에 대해 말해보세요.

⓬ 우리 회사와 경쟁회사의 강약점에 대해 말해보세요.

⓭ 우리 회사가 글로벌 경쟁력을 높여 나갈 수 있는 전략을 말해보세요.

⓮ 당사 홍보 전략의 개선점에 대해 말해보세요.

⑮ 기억에 남는 성공사례에 대해 말해보세요.

⑯ 실패했던 경험과 극복했던 사례에 대해 말해보세요.

⑰ 도전, 열정, 책임감, 창의력, 리더십, 창의성을 발휘한 사례에 대해 말해보세요.

⑱ 상사와의 갈등이 생긴다면 어떻게 해결하겠습니까?

⑲ 빈번한 야근에 대해 어떻게 생각하나요?

⑳ 타 부서로 발령받으면 어떻게 하겠습니까?

㉑ 어느 수준의 연봉이면 만족하겠습니까?

㉒ 중요한 약속이 있는 회사의 업무가 남아있다면 어떻게 하겠습니까?

# 6장

•

착! 붙는 면접 핵심 질문 응답 가이드 • • •

# 01

# 아이 엠 그라운드 자기소개하기

착붙 응답 가이드

"아이 엠 그라운드 자기소개하기 ~ 앗싸 빨래판! 앗싸 밀대! 앗싸 똥 퍼!" 자기 자신을 표현하는 몸짓과 함께 자기 자신을 소개하는 게임이다. 그리고 자기 자신을 소개하면서 앞사람의 소개 또한 따라 하는 경청 + 자기 표현 성장의 최고의 게임이다. '아이 엠 그라운드'가 바로 '면접'이다. 면접 장에서 모든 내 모습이 아이 엠 그라운드 나를 어필하는 장소이다. 그러니 아이 엠 그라운드 자기소개에 있어 착! 붙는 가이드로 당신을 안내하겠다.

## 면접 전

헤어스타일은 면접 전날 다듬으면 적응이 안 되거나 수습이 안 될 경우도 있다. 그래서 헤어스타일은 면접 일주일 전 미리 정리하여 자신을 가장 잘 나타내는 스타일을 만들어야 한다.

면접 복장 또한 일주일 전에 자신에게 맞는 컬러, 핏으로 정하여 미리 입고 적응을 시켜야 안성맞춤이다. 그리고 미리 다림질하거나 수선을 하자.

시험 장소로 갈 시간을 측정해보고 로드맵으로 미리 본 후 주위를 파악하여 늦는 일이 없도록 해야 한다.

수험표 신분증 필기도구를 사전에 준비하고 점검하자.

### 아이 엠 그라운드 면접 당일

안경 착용 시 안경이 흘러내릴 수 있다. 그러면 안경 너머로 면접관을 노려보아야 한다. 좋은 인상을 줄 수 없으므로 안경이 흘러내리지 않도록 주의하자. 안경을 쓰다가 잘 보이려 렌즈를 낀다면 안구가 건조해져 눈을 깜빡이는 경우가 있다. 면접 입장 전 인공눈물의 센스를 보이자.

### 면접 대기장

사전 조사를 하는 곳이 있다. 사전 조사서는 어떠한 주제가 제시되더라도 자신의 경험을 바탕으로 써야 한다. 거짓말을 썼다간 자기소개도 못하고 나올 수 있다.

사전 조사가 끝나면 조용한 태도로 자기 차례를 기다리면 된다. 그리고 눈을 감고 이미지 트레이닝을 하면서 자신이 준비했던 제시 질문이나 나올만할 것들을 추측하며 준비해보는 게 좋다.

본인의 수험번호나 이름을 부르면 그때부터 본격 아이 엠 그라운드가 시작되는 것이다. 면접 전이라고 호명하는 대답을 건성으로 해서는 안 된다. 활기차고 에너지 넘치게 "네"라고 명확하게 대답하자.

면접장 입구를 열어주는 사람이 있다면 목례를 하면서 입장하고 문열어주는 사람이 없다면 노크 매너를 시작으로 아이엠 그라운드에 입장하라. 면접장 입장 시 가볍게 허리를 굽혀 인사를 하며 자기 수험번호, 성명을 이야기하면 된다.

면접관이 앉으라는 제스처나 말을 하면 의자에 앉으면 된다. 혹시 면접관이 바로 앉으라고 한다면 인사를 못 한 것에 대해 자책을 느끼지 않아도 된다. 앉으라고 해서 앉은 것이니까 무례한 것은 아니다.

### 면접 질의응답

솔당! 솔직 당당하게 이야기를 시작하면 된다. 질문에 응답을 못 하였더라도 혼잣말이나 혼웃(혼자 웃기), 혀를 깨물거나, 손톱을 물어뜯는 것은 절대 안 된다. 질문을 못 들었을 때는 "정확하게 듣지 못하였습니다. 실례가 안 된다면 다시 한번 말씀해 주시겠습니까"라고 정중하게 묻자.

### 퇴장

면접관이 "수고하셨습니다. 면접을 마칩니다"라고 끝맺음 시 의자에서 조용히 일어나 "감사합니다" 또는 마지막 말을 못 했을 경우 "실례가 되지 않는다면 마지막 말을 해도 괜찮겠습니까?"라고 물은 후 마지막까지 아이 엠 그라운드 자기소개 게임을 끝까지 하라.

면접을 스스로 망했다고 생각하고 도망치는 듯이 마무리하지 말라. 발표가 날 때까지 끝난 게 아니다.

# 과거 질문 착붙 응답 가이드

Q. 어머니가 나에게 화를 낼 때는 언제인가?

이것은 본인의 과거를 소재로 단점을 묻는 것이다.
큰 단점은 피하고 누구나 공감할 사소한 이야기를 하는 것이 좋다.

Q. 학창 시절 생활은 어떠했나?

지원하는 곳에 맞추어 관심 분야, 동아리 활동으로
이야기하는 것이 어필에 도움이 된다.


Q. 봉사활동 경험 중 기억에 남는 봉사활동은?

봉사활동 지역이나 형태가 중요한 것이 아니다.
봉사활동을 통해 무엇을 배웠고 깨달았는지가 중점이 돼야 한다.

Q. 인생을 살면서 가장 힘들었던 경험과 극복했던 과정은?

_____

_____

_____

_____

_____

_____

힘들었던 사례를 선정하는 데 힘쓰기보다는
극복과정을 구체적으로 어필해야 한다.


Q. 기억에 남는 여행은? 인상 깊었던 여행지?

_____

_____

_____

_____

_____

_____

해외여행, 국내여행, 지역 상관없이 여행지에 소개보다는
기억에 남는 이유에 대해 명확하게 이야기해야 한다.

Q. 과거 지원한 곳에 왜 떨어졌다고 생각하나?

_____

_____

_____

_____

_____

_____

_____

압박 면접에 해당되며 단점을 파고들어 본인을 당황하게 하려고 한다는
목적을 알고 대응해야 한다.
단점을 장점화시켜 이야기하라.

# 03

# 현재 질문 착붙 응답 가이드

Q. 자기소개를 1분 간 해라 (30초)

_____

_____

_____

_____

_____

_____

시간 안에 자기소개하기 위해서는 두괄식으로 자기소개하는 것이 좋다.
핵심 문장을 먼저 말하고 설명을 뒤에 하라.

Q. 지원하게 된 동기는 무엇인가? 꼭 여기에 지원한 이유

정년보장, 월급 이야기는 금물이다.
자신의 소신, 경험, 사례를 적절히 넣어 애사심을 보여라.

Q. 본인을 뽑아야 하는 이유, 다른 지원자들과 본인이 다른이유,
   지원한 곳에 본인이 적합하다고 생각하는가?

자신의 강점을 이야기하고
지원하는 곳에 연관 지어 말해야 한다.

Q. 전공과 전혀 다른데 왜 지원하였는가?

표면상으로 전공과 지원한 곳이 완전히 다르다는 것을 인정하라.
하지만 상호연관을 지어 자신의 전공으로 인해 지원한 곳이
더 나아갈 수 있는 방향으로 이야기하라.

Q. 좋아하는 운동? 취미 운동?

모든 곳은 건강한 신체를 원한다.
체력관리 태도도 매우 중요한 부분이니 체계적으로 이야기하는 것이 좋다.

Q. 본인을 표현하는 색, 본인을 표현하는 계절,

　　본인을 표현하는 동물, 사물은 무엇인가?

_____

_____

_____

_____

_____

특징을 살려 자신과 연관 지어 이야기하라.


Q. 본인이 현재 존경하는 인물은 누구인가?

　　자신이 추구하는 인물, 멘토는 누구인가?

_____

_____

_____

_____

_____

_____

정치인, 경제인의 언급은 호불호가 있으므로 피하는 것이 좋다.
추구형 인물로 본인의 성향을 보는 질문이다.
관련 인물을 선정으로 존경하는 이유에 집중하여 말하는 것이 좋다.

Q. 친한 친구는 몇 명인가?

친구가 많고 적고를 묻는 것이 아니라
본인의 대인관계 유지력 혹은 성향을 파악하는 것이다.
친한 친구가 너무 많거나 1명인 경우 압박 질문이 생길 수도 있다.


Q. 이 자리에서 꼭 하고 싶은 말? 마지막으로 하고 싶은 말?

　　면접관을 감동하게 해 보아라.

길지 않게 말하는 것이 포인트다. 여기서는 팩트 폭행이 일어나야 한다.
자신을 표현할 수 있는 간절한 혹은 진실한 문장을 미리 만들어 준비하라.
자기소개 문장 중 팩트있는 한 문장을 선정해 말해도 좋다.

# 04
## 미래 질문 착붙 응답 가이드

Q. 불안감을 어떻게 극복하나?

_____

_____

_____

_____

_____

_____

_____

본인의 극복 자질에 관해 물어보는 것이다.
현재의 단단함을 예시로 들며 이야기하는 것이 좋다.

## Q. 면접을 마치면 무엇을 할 것인가?

본인의 생활 태도에 대해 엿 보는 질문이다.
휴식하겠다, 여행하겠다는 말보다는 합격했다고 생각하고
앞으로의 좋은 습관을 만드는 데 힘쓰겠다고 이야기하는 것이 좋다.


## Q. 입사 후 회의감이 들면 어떻게 할 것인가?

회의감은 기업이 잘못한 것이 아니다.
개인의 감정일 뿐 개인의 감정을 다스리는 과정을 설명하는 것이 좋다.

Q. 입사 후 자기 계발을 위해 어떤 노력을 할 것인가?

_____

_____

_____

_____

_____

지원하는 성격에 맞추어 자기 계발 이야기를 하는 것이 좋다.
업무에 충실하면서 할 수 있는 자기 계발을 선택하라.

Q. 합격 후 본인이 맡은 업무가 생각했던 것과 너무 다르다면 어떻게 할
   것인가?

_____

_____

_____

_____

_____

_____

'기업의 일이라면 하겠다' '다른 것 또한 경력이 될 것이다'
긍정적 방향으로 말해야 한다.

# 대처 능력 질문 착붙 응답 가이드

Q. 어머니, 아내, 자식 물에 빠졌다. 어떤 순서로 구할 것인가?

_____

_____

_____

_____

_____

정답은 없다. 하지만 누구나 들어서 마땅할 이유가 있어야 한다.
'살 날이 더 많을 자식을 구하고 그 살 날을 키워줄 아내를 구하겠습니다'
'어머니는 지병이 있어서서 예후가 좋지 않아 현실적으로 자식부터 구하겠습니다'
이와 같은 타당한 이유 묻는 질문이다.

Q. 직장 동료와 바다로 야유회를 갔다가 직장 동료가 물에 빠졌다. 어떻게 할 것인가?

_____

_____

_____

_____

정의롭게 보이려고 '물에 뛰어들어 직장 동료를 구하겠다'라고 말하는 것은 좋지 않다.
위험한 일에 빠졌을 때 상황대처 능력을 보려는 질문이므로
상황대처 방법에 관해 이야기하는 것이 좋다.


Q. 무인도에 가져갈 물건 3가지와 그 이유는?

_____

_____

_____

_____

_____

'무인도이기 때문에 무와 사람 인, 칼 도. 무, 사람, 칼을 가져가겠습니다'
'씨앗, 침대, 화장실. 경작할 수 있는 것과 잠을 편안하게 잘 침대
그리고 무인도의 환경을 위해 화장실을 가져가겠습니다'
당황하지 않고 적절히 그 이유에 관해 설명하는 것이 좋다.

Q. 본인의 얼굴을 보면 어떤 생각이 드나?

---

---

---

---

'너무 예쁘다' '잘생겼다'와 같은 자기애를 말하기보다는
'잘하고 있다' '잘 될 것이다' 등 긍정적인 마인드를 이야기하는 것이 좋다.

# 인성 질문 착붙 응답 가이드

Q. 첫인상이 중요한가?

---

---

---

---

---

---

자기 관리성을 묻고 있다.
말 그대로 상대에게 대한 예의 인성 질문이기에
중요한 이유와 첫인상을 위해 실천하고 있는 것을 말하는 것이 좋다.

## Q. 일하는 목적은 무엇인가?

_____

_____

_____

_____

_____

_____

돈이나 명예 직접적인 목적은 피하는 것이 좋다.
지원하는 곳과 관련하여 '사명감' 혹은 '추구하는 가치'에 연관 지어 이야기하는 것이 좋다.

## Q. 돈, 명예, 일 세 가지 중 가장 중요한 것은?

_____

_____

_____

_____

_____

_____

돈이 중요하다고 하면 압박 질문이 들어 올 가능성이 크다.
아무리 돈이 중요하더라도 명예, 일 가치를 중점으로 이야기하라.

Q. 본인을 뽑아야 하는 이유

_____

_____

_____

_____

_____

_____

자신의 강점을 이야기하고 지원하는 곳에 연관 지어 말해야 한다.


Q. 첫 월급은 어떻게 사용할 것인가?

_____

_____

_____

_____

_____

_____

_____

'저 자신에게 크게 셀프 선물을 하겠다' '부모님께 큰 용돈을 드리겠다'
'응원해준 친구들에게 크게 음식 대접을 하겠다' 등의
'크다'라는 표현은 피하는 것이 좋다.
월급을 가지고 본인의 계획성을 볼 수 있기에 계획성을 보여주는 것이 좋다.

Q. 길을 가다가 500만 원을 주웠다 어떻게 하겠는가?

_____

_____

_____

_____

_____

'행운이라고 생각하고 가지겠다' 라는 표현은 금물이다.
'갖고 싶은 마음, 아쉬운 마음은 들 것 같다. (진실 화법)
하지만 내 돈이 아니고 누군가에게 중요하고 소중한 돈이기에 경찰서에 인계하겠다' 라는
누구나 공감하지만 바른 인성을 보여주어야 한다.

# 07
# 시대 시사 질문 착붙 응답 가이드

시대 시사 질문은 당신의 통찰력을 보기 위해 질문하는 것이다. 어떤 문제에 딱히 답은 없다. 하지만 시사 질문을 해보며 그 사람의 깊이와 문제 해석 능력, 개념을 엿볼 수 있기에 질문을 한다.

❶ 인간은 사회적 동물이라는 의미는 무엇인가?

❷ 성선설과 성악설을 주제로 토론해 보아라.

❸ 종교의 순기능 역기능을 주제로 토론해 보아라.

❹ 종교인에 대한 과세 의견을 말해보아라.

❺ 사형제도에 대한 의견을 말해보아라.

❻ 양심적 병역거부에 대한 본인의 생각을 말해보아라.

❼ 국민참여재판에 대한 확대 의견인지 축소 의견인지 자신의 의견을 말해보아라.

❽ 청년실업 문제에 대해 어떻게 생각하고 해결방안을 말해보아라.

❾ 코로나 시대에 대해 해석해 보아라.

❿ 동성 간 결혼 합법화에 대한 의견을 말해보아라.

⓫ 금수저, 흙수저 논란을 주제로 토론해 보아라.

⓬ 남성과 여성사회에 있어 유리천장에 대한 견해를 말해보아라.

⓭ 육아휴직에 관한 생각을 말해보아라.

⓮ 우리나라 자살률이 높아지는 이유에 대해 말해보아라.

⓯ 갑질에 대해 어떤 생각을 가졌는가?

⓰ 정보화 시대에 세대 간 격차 해소 방안에 대해 말해보아라.

⓱ 셧다운 제도 또는 신데렐라법에 대해 말해보아라.

⓲ 김영란법에 대해 아는 만큼 말해보아라.

⓳ 블루오션 전략에 대해 말해보아라.

**⑳** 퍼플오션 전략에 대해 말해보아라.

**㉑** 빅 피처란 무엇인가?

**㉒** 벤치마킹의 예시를 들어 설명해 보아라.

**㉓** 롱테일에 대해 말해보아라.

**㉔** 칵테일 리스크란 무엇인가?

**㉕** 립스틱 효과란 무엇인가?

**㉖** 임금피크제 또는 워크 쉐어링에 대해 말해보아라.

**㉗** 주차난 해결방법에 대해 말해보아라.

**㉘** 착한 소비 공정 무역이란 무엇인가?

**㉙** SNS의 역기능과 순기능을 말해보아라.

**㉚** 니트족에 대해 말해보고 해결방안을 말해보아라.

# 08

# 창의력 질문 모음

 

 

창의성 질문에서도 딱히 모범답안이 없다. 창의력 질문을 통해 당신에게 알고 싶은 것은 상상력과 창의력을 가지고 사람, 환경과 상호작용이 잘되는가를 묻는 것이다. 기업에서 창의성을 높은 사람을 추구하는 이유는 창의성이 높은 사람은 급격한 환경에서 빠른 해결력 적응력을 보이기에 중요하게 여긴다. 환경 변화와 시대 변화가 매우 급격해지면서 빠른 템포로 적응하고 일을 하는 인재를 찾는 것이다. 그래서 더욱더 창의성의 계발 요구가 많아졌다.

❶ 흡연과 도박의 장점?

❷ 자장면과 짬뽕 중 무엇이 맛있는가?

❸ 산타할아버지는 왜 우는 아이들에게 선물을 안 줄까?

❹ 산타 옷은 왜 빨간색인가?

❺ 책상 하면 연관되는 것은?

❻ 지금 떠오르는 동물을 말해보아라.

❼ 바늘구멍에 독도를 넣는 방법

❽ 백두산을 우리나라로 옮기는 방법

❾ 이 방에 농구공을 채운다면 몇 개가 들어가겠나?

❿ 연봉 1억 5천만 원 이상 버는 사람이 적은 이유

⓫ 알래스카에서 아이스크림을 파는 방법은?

⓬ 사막에서 선인장을 파는 방법은?

⓭ 호랑이에게 쫓기고 있다. 바로 밑은 낭떠러지가 어떻게
할 것인가?

⓮ 당신의 몸은 연필 크기로 줄었고 믹서기에 갇혔다. 어떻
게 탈출할 것인가?

⓯ 본인이 정말 특별한 사람이란 것을 표현하라.

⓰ 세상에서 딱 한 가지를 남긴다면?

⑰ 맨홀 뚜껑은 왜 동그라미인가?

⑱ 화장실에서 큰일을 보았는데 휴지가 없다. 어떻게 대처할 것인가?

⑲ 경찰이 직업을 바꾼다면 제일 잘할 수 있는 직업은 무엇일까?

⑳ 지도에서 우리나라를 크게 그릴 방법은 무엇인가?

# 7 장 · 착! 붙 이렇게만 말해줘

...

# 01

# 질문에만 대답해줘

## 면접관에게 면접은 일이다

　면접관도 사람이다. 면접관에게도 면접을 보는 것은 일이다. 회사를 위해 역량이 뛰어난 인재를 뽑아야 한다는 의무감을 가진 면접관에게는 이 시간이 결코 유쾌하지 않을 것이다. 면접관의 입장에서 생각해 본다면 면접 질문을 통해 회사에서 원하는 지원자를 가려내야 한다는 압박감과 많은 사람을 만나야 한다는 스트레스가 있을 것이다. 면접관이 하는 일은 바로 면접을 보는 일이다. 그렇기 때문에 반대로 생각한다면 면접관도 사실은 누구보다 더 면접에 대한 스트레스를 받고 있을 것이다. 또한 면접관들은 그동안 많은 지원자를 만났고, 매번 비슷한 질문들을 하고 그 질문에 대체로 어떤 답변을 할지 뻔히 알고 있기 때문이다. 그래서 짧고 간단하게 질문에만 답을 하는 것이 가장 좋다. 면접관은 길고 긴 답변에 집중력을 잃게 되고 지원자의 장점을 보지 못하고 그저 먼 산만 바라보고 있을 것이다.

## 면접은 시험이 아니고 대화이다

취업하고자 하는 회사에 서류를 통과하고 그 회사에서 실시하는 면접을 준비하기 위해 지원자들은 많은 노력을 기울인다. 서류합격과 동시에 인터넷 카페를 통해 지원하고자 하는 회사의 면접을 준비하는 사람들을 모아 다 같이 면접공부방을 만들어 면접 준비를 하거나 면접 전문학원의 도움을 받기도 한다. 나름대로 면접 준비가 끝난다면 면접이 시작되고 면접이 다 끝나고 난 뒤 지원자 대부분은 아쉬운 마음을 내비치게 된다. 많은 준비를 했다고 생각했지만 생각지도 못한 돌발질문을 받았거나 너무 긴장한 탓에 할 말을 제대로 하지 못하고 나오는 경우도 있다. 혹은 다른 지원자들은 많은 질문을 받았는데 나에게는 공통질문만 했을까? 라는 생각으로 나오지도 않은 결과에 이미 결정을 짓는 경우가 있다.

나에게 면접 코칭을 받은 수강생 대부분은 면접을 다 마치고 난 후 내게 전화를 한다. 그럼 가장 먼저 "선생님, 저 떨어진 것 같아요" "저 망한 것 같아요"라는 말을 한다. 하지만 대부분 지원자가 생각하는 것과 다른 결과를 맞이하게 된다. 재미있는 결과는 같은 면접을 보고 나오더라도 잘하지 못했다고 생각한 지원자들이 합격하는 경우가 많다는 것이다. 이 차이는 과연 무엇일까? 차이는 한가지다. 대부분의 면접 지원자들은 면접을 시험을 보는 것과 같이 평가를 받는 자리라고 생각한다는 것이다. 면접은 말 그대로 대면하여 만나 본다는 뜻이 있다. 사람과 사람의 만남을 말하는 것이고 아무리 뛰어난 면접관이라 한다 해도 면접을 보는 짧은 시간에 지원자의 모든 것을 평가할 수는 없다. 대부분의 면접은 지원자가 제출한 서류의 내용에 기반하여 질문을 하고 그 사람의 인성을 확인하는 자리이다. 결론을 말하자면 지원자가 어떤 사람인지 알아보는 것이 면접이다.

면접은 대화이다. 이 책을 읽고 있는 누구나 한 번쯤은 소개팅을 나가보거나 혹은 호감이 드는 이성을 만나본 적이 있을 것이다. 그 이성을 만났을 때 첫눈에 빠져버렸다면 첫인상을 두고 결정지어졌을 확률이 높다. 처음 만난 사람과 대화를 나누고 눈을 마주치고 있다 보면 몇 초도 되지 않아 그 사람의 인성과 인상을 결정짓는다. 척 보면 안다. 그 사람 봐도 어떤 사람인지 알 것 같다. 라는 말은 거짓이 아닌 진실이다.

면접의 기본은 시험을 보는 것이 아닌 대화하는 것이다. 대화에서 상대방의 마음을 움직여 나를 향하게 하는 것에 가장 중요한 것은 진실성이다. 예측 가능한 답변과 진정성 있는 마음으로 시험을 보러 가는 긴장감이 아닌 새로운 만남을 위한 설렘의 면접을 준비해보도록 하자.

## 싸우려고 하지 말고 대화하자

면접을 준비하는 지원자들이라면 한 가지 질문에 대한 답변을 수십 수백 번을 읽고 되뇌며 거의 암기에 가까운 준비를 할 것이다. 면접을 처음 준비할 때 저자는 동영상 촬영 시작으로 수강생의 변화를 유심히 관찰하고 코칭 한다. 수강생이 잘하는 모습을 더 부각시키고 부족한 부분은 더 채워서 면접 훈련을 한다. 그만큼 훈련이 되고 모의 면접을 본다면 처음과는 사뭇 다른 모습이다. 면접 질문이 끝나기도 전에 앵무새화법을 사용하거나 혹은 바로 두괄식 답변이 날아오기 마련이다. 하지만 이렇게 반사적으로 답변을 하는 것은 대화가 아닌 대응에 더 가까운 모습이 된다. 질문에 아는 답변이 나왔기 때문에 지원자는 바로 대답하고 속으로 잘했다고 생각할 것이다. 하지만 지원자는 잘했다고 생각했던 답변이 면접관에게는 불쾌함으로 다가갔을 것이다. 면접관의 질문을 경청하고 생각하는 침묵의 화법을 사용 후 잠시 생각하는 시간을 갖는 것이 좋다. 면접은 면접관과 지원자가 대화를 하는 것이다. 질문에 바로 대응하듯 반사적으로 맞받아친다면 대화가 아닌 대응이 되니 꼭 숙지하고 면접에 임하도록 하자.

# 02
# 그래서 핵심만 말해줘

## 핵심 없이 말하는 지원자의 특징

면접은 면접관과 지원자의 연속된 질문과 답으로 즉 대화로 이루어진다. 면접관의 질문에 답하는 지원자의 답변 유형과 시간은 제각각 다르다. 많은 것을 준비한 지원자는 질문을 받으면 그동안 준비했던 모든 것을 다 보여주고 싶어 핵심을 말하기보다는 소설을 쓰게 된다. 반면 모르는 질문을 받거나 자신 없는 질문에는 아주 간단하고 짧게 답을 한다. 준비된 답은 구구절절 핵심 없이 길게 답변하고 준비 없는 질문 혹은 자신 없는 질문에는 짧고 간단명료하게 답변한다면 면접관의 입장에서는 성의 없는 면접 혹은 이 회사 면접을 위해 무엇을 준비하고 왔을까? 라는 의문이 들것이다.

　아무리 준비하고 면접장에 들어섰다고 하더라도 긴장을 안 할 수는 없다. 사람은 누구나 긴장을 하면 평소의 자신과는 다른 모습을 보이기 마련이다. 면접관의 입장에서 본다면 말을 잘 못 해서 얼버무리는 지원자만큼이나 긴장해서 구구절절 말을 하는 지원자들도 굉장히 많을 것이다. 말을 잘 못 해서 얼버무리는 지원자보다 구구절절 장황하게 말을 하는 지원자들은 그나마 평소에는 말을 잘 하는 사람들일 것이다. 평소에는 말을 잘하던 친구들이 면접장에서의 긴장으로 구구절절 말을 늘어트려 놓는 것이지 내성적이고 말수가 적었던 지원자가 면접장이라고 해서 말을 못하지는 않을 것이다. 언어는 자신의 일상적인 습관을 버리기는 어렵다. 면접 코칭을 하다 보면 위와 같이 말을 잘하던 지원자들은 질의 응답지를 주면 예상 질문에도 막힘없이 작성을 잘한다. 하지만 모의면접을 시작하면 그 사람의 특징을 숨길 수가 없어서 단점이 여실히 드러난다.

　핵심이 없는 예상 답변을 하는 지원자들에게는 공통점이 있다. 첫 번째 공통점으로는 여러 문장을 하나로 합쳐놓은 문장을 쓴다. 예를 들면 '비주는 글을 쓰는데 소질이 있다'라고 하면 되는 문장을 '비주는 글을 잘 쓰는데 한 문장을 쓰는데 그 안에 내용이 탄탄하고, 또한' 이렇게 여러 문장을 합쳐놓은 것보다는 하나의 문장으로 짧고 간결하게 전달하는 것이 좋다.

　핵심 없이 질문에 답하는 지원자들의 공통점 두 번째 두괄식으로 답변하지 않는다. 지원자가 답변할 때 '두괄식' 답변으로 결론부터 내려야 한다는 것은 취업 준비생들 모두가 알고 있는 내용이다. 하지만 실제로 처음 시간 모의 면접을 시작할 때 수강생들은 기본원칙은 지키지 않고 장황하게 늘어놓는 경우가 가장 많다. 면접 예상 질문 중 가장 많이 나오는 질문은 A와 B를 주고 두 가지 중 한 가지만 선택해서 답변해야 하는 질문들이 많이 있다. 선택형 질문에서 빈번하게 나오는 질문으로는 업무효율성과 매뉴얼 중 더 중요하다고 생각하는 것과 혹은 리더형인지 팔로우형에 가까운지에 관한 질문처럼 답이 정해져 있지 않은 것에 대답하기가 어렵다. 선택형 질문을 받았을 때는 한 가지를 선택 후 A에 대한 B(즉, 근거나 이유 혹은 내용)를 꼭 설명해야 한다.

예시

Q. 본인은 팔로우형인지 리더형인지 말해보세요.

A. 저는 팔로우형에 더 가까운 인재입니다. 동아리 모임 혹은 조별 과제를 수행할 때는 리더를 맡으며 조원들에게 도움을 주는 역할을 하였습니다. 하지만 제가 가장 자신 있고 잘했던 부분은 조별 과제에 필요한 정보를 찾아 분류하고, 조원들과 협업이 잘 이루어지도록 도와주는 역할을 잘 수행해 왔기에 팔로우형 인재에 가깝다고 생각합니다.

위의 예시와 같이 두괄식 답변으로 간결하게 정답을 주고 설명을 하는 것이 핵심 없게 말하는 사람들이 가장 못 하는 것 중의 하나이다.

세 번째로 핵심 없이 말하는 지원자의 특징은 필요 없는 설명까지 한다는 것이다. 핵심이 없고 필요 없는 설명을 하는 면접자들은 두 번째 예시에서 보여줬던 사람들이 대부분이다. 설명이 많고 면접관이 듣고 싶어하는 구체적인 답변을 이야기하지 않는다면 당연히 면접관은 지원자에게 귀를 기울이지 않을 것이다. 예를 들면 면접관의 질문 중 '본인이 당사에 입사하게 된다면 개발하고 싶은 것이 있나요? 라는 질문에서 앞서 이야기한 두괄식 방법과 내용과 근거를 뒷받침할 수 있는 답변의 구성도 좋지만, 핵심과 구체적인 내용을 더 이야기해야 하는 미래지향적 질문에는 PREP 기법을 사용하는 것이 좋다.

PREP 기법은 설득력을 높여주는 스피치 기법이다. PREP 기법에서 P는 POINT를 말한다. 짧은 면접에서 핵심적인 전달력이 중요하다. 때문에 P에서는 질문의 답변부터 이야기를 한다. R은 REASON를 말한다. 즉 주장이나 이유 혹은 근거에 대해 나열하는 것이다. 상황에 대해서는 문장을 짧고 간결하게 답한다. E는 EXAMPLE를 말한다. 즉, 위의 내용을 뒷받침할 수 있는 증거나 사례를 전달하는 것이다. 상황에 따라 이 부분을 지원하는 직렬에 연결하여도 좋다. 마지막 P는 처음 POINT와 같다. 다시 한 번 결론을 짚어주는 것이다. 두괄식과 같지만 표현을 다르게 써도 좋다.

# PREP기법

| PREP 기법 | 전달 방식 |
|---|---|
| **POINT**<br>결론에 대한 핵심<br>메시지 밝히기 | 짧고 명확하게 답변만 말하는 것이 좋다. |
| **REASON**<br>앞서 말한 결론에 대한<br>이유와 근거를 제시하기 | 근거와 제시를 할 때는<br>'왜냐하면'을 사용하는 것이 좋다. |
| **EXAMPLE**<br>이유와 근거의 실제<br>사례 들기 | 실제 사례를 보여주기 때문에<br>'예를 들면'을 사용하는 것이 좋다. |
| **POINT**<br>앞서 밝힌 메시지에 대한<br>반복 강조하기 | 다시 한번 강조하여 핵심 메시지를 전달해야<br>하므로 '그렇기 때문에'를 사용하는 것이 좋다. |

**예시** 현재 우리 회사의 대내 환경을 고려할 때 가장 중요하게
고려해야 할 가치는 무엇이라고 생각하시나요?

**POINT_**저는 지속가능성의 가치라고 생각합니다.

**REASON_**귀사는 지난 몇 년간의 수익 창출에 중점을 두었지만, 이는 기업이 존재해야 가능한 것입니다. 회사의 규모가 커지면 규모에 맞게 성장해야 한다고 생각하기에 지속가능성을 위한 환경, 이슈 등에 맞게 성장 가능성이 보장되어야 합니다.

**EXAMPLE_** 그 이유는 글로벌 기업들에게 화두가 되기도 합니다. 최근 뉴스에서 본 기업은 이러한 문제로 이미지에 큰 타격을 입었습니다.

**POINT_** 따라서 저는 지속 가능한 경영의 귀사의 핵심 전략에 있어야 한다고 생각합니다.

면접은 핵심 있게 말하는 것이 전략이다. 말이 많고 설명이 많은 취업 준비생들의 원인과 해결방안에 대해 검토해 보고 문장 끊어서 말하기, 두괄식 답변하기, 구구절절한 설명하지 않기를 반복적으로 연습한다면 취업 면접은 어렵지 않을 것이다. 또한 혼자 연습하기가 힘들다면 전문가의 조언을 듣고 모의 면접을 받아보는 것도 좋은 방법 중 하나이다. 위에 세 가지를 중점적으로 연습한다면 좋은 결과를 얻을 수 있다고 자부한다.

# 03

# 거짓말하지 말아줘

## 눈에 다 보여

면접 코칭 상담을 받으러 오시는 취업 준비생들은 상담 내용은 대부분 같은 내용이다. 상담의 내용이 대부분 같다는 것은 대부분의 사람은 같은 고민을 한다는 뜻이다. 어떻게 하면 면접 준비를 잘해서 합격을 할수 있을까? 내가 코칭으로 인해 도움을 받을 수 있는 범위는? "질문에 대한 답변을 다 써서 주시나요?" 이러한 물음표들이 같은 고민의 내용이다. 면접 코칭의 멘토링은 충분히 면접을 준비할 수 있도록 만들어 준다. 코칭으로 인해 도움을 받는 범위는 사람마다 다른데 대부분 A-Z까지 도움을 받았다고 이야기를 한다. 질문에 대한 답변을 대신해서 써주지는 않지만, 방향을 잡아 이끌어 주기는 한다고 이야기를 한다. 하지만 대답 중 '답변을 적어주지 않는다'에서 가장 수강생들이 힘 빠져 한다.

이 책의 저자인 우리는 면접에 합격을 위한 루트를 코칭을 하는 강사이다. 질문에 대한 답을 열심히 적어주고 암기시켜 그 암기 내용이 틀렸는지 암기를 잘하고 있는지 봐주는 시험감독관이 아니다.

배우가 대사를 외워 커트 커트마다 연기를 하듯 면접을 본다면 베테랑 면접관들의 눈에 뻔히 보일 수밖에 없을 것이다. 이제 눈에 뻔히 보이는 거짓말보다는 진정성 있는 면접 준비를 해 보도록 하자.

## 모르면 모른다고 말해줘

면접을 준비하는 취업 준비생들이 면접관의 모든 질문에 제대로 답을 할 정도의 준비를 하지 못한다. 짧은 면접 준비 기간에 기본 인성 질문과 회사의 직무 관련 면접까지 준비해서 갈 수 있다면 좋겠지만 완벽한 준비를 하고 갈 수 있는 시간은 되지 않는다.

면접장에서 누구나 한 번쯤은 겪었을 당황스러운 순간들, 예기치 못한 돌발 상황에 도망치고 싶었던 순간들, 이제는 그 대처 방법을 알고 모르면 모른다고 대답을 할 수 있을 만큼의 준비를 해야 한다.

면접은 생방송이다. 면접장에 들어서는 순간 방송은 시작된 것이다. 이 방송에서 어떤 일이 일어날지 모르기 때문에 그 상황에 대처하는 능력을 키워야 한다. 면접관은 돌발질문을 통해서 지원자의 임기응변, 인성 또는 가치관 등을 파악한다. 그렇기 때문에 돌발질문에도 면접관의 의도가 있다. 합격으로 가기 위한 필수 관문인 면접에서 정면 돌파하는 방법을 찾아보자. 지원자들이 면접장에서 가장 당황했을 때와 그 당시 대처해야 하는 행동에 대해 알아보자.

첫째, 면접관의 질문에 대해 이해를 하지 못했을 경우이다. 면접 코칭을 시작한 후 모의 면접을 실시할 때 지원자들은 "네?"라는 되묻는 대답을 자주 한다. 그 말인즉슨 마음의 목소리는 '저 무슨 말인지 잘 모르겠어요' 혹은 '잘 못 들었어요'이다. 물론 긴장한 마음으로 면접을 보는데 상대방의 말이 잘 들리지 않는다는 건 당연하다. 하지만 면접관도 사람이기에 다시 한번 공손하게 양해를 구한다면 지원자의 말투와 어조에 따라 면접관의 마음도 움직일 것이다. 여기서 주의할 점은 너무 강한 어조로 말하는 것보다는 표정과 목소리에 진심을 담아 양해를 구하는 낮은 톤의 어조로 말하는 것이 좋다.

> **예시** **면접관의 질문에 이해하지 못했을 경우**
>
> **Before**  다시 한번 말씀해 주시겠습니까?
>
> **After**  죄송하지만, 제가 질문의 뜻을 이해하지 못했습니다.
> 다시 한번 말씀해 주시면 감사하겠습니다.

두 번째로 준비한 답변이지만 머릿속에 맴돌고 생각이 나지 않는 경우이다. 면접을 준비하면서 수많은 질문과 답변을 입 밖으로 내며 연습했던 지원자이지만 막상 긴장되는 상황에 생각이 나지 않는 경우가 분명히 생길 것이다. 이럴 경우에는 "죄송합니다. 잘 모르겠습니다"라는 나 몰라라 하는 식의 단답형은 절대 금지해야 한다. 면접에서 간단하게 잘 모르겠습니다. 라는 말로 끝을 낸다면 면접관의 입장에서는 준비 없는 지원자 혹은 성의 없고 쉽게 말하는 사람으로 보여질 수 있기 때문이다.

**예시 준비한 답변이지만 생각이 나지 않을 경우**(10초 이내에 답변을 하는 것이 좋다)

> "잠시 생각할 시간을 주시면 감사하겠습니다."
> 화법을 정리하고 키워드를 생각한 후 말하는 것이 가장 좋다.

**예시 준비하지 못한 답변일 경우**

> "죄송합니다. 합격하고 싶은 마음으로 정말 열심히 면접 준비를 했습니다. 하지만 그 부분은 미처 생각하지 못했던 부분이었습니다. 면접이 끝난 후 꼭 질문에 답변을 준비한 후 입사하도록 하겠습니다."

부족한 부분을 채우기 위해 노력하겠다는 마음이 전달되도록 면접관에서 진심을 다해 말하는 것이 가장 좋다. 무엇인가를 시도하고 부족한 부분을 채우겠다고 말하는 것은 면접관에게 무엇이든 열정적으로 최선을 다해 할 수 있다는 긍정적인 지원자의 이미지를 줄 수 있다.

세 번째, 당황하는 면접의 질문은 답이 정해져 있지 않은 창의적인 질문이다.

90년대 이전에는 공부를 잘하는 수재를 원하고 4년제 대학의 스펙을 요구했다면 현재의 기업은 창의 융합형 인재를 원한다. 그렇기 때문에 질문도 창의적인 질문이다. 삼성에서는 창의성 면접을 따로 실시하기도 할 정도로 빈번히 나오는 질문이기도 하다. 예를 들면 '산타클로스가 된다면 전 세계 어린이들에게 선물을 어떻게 나누어 주겠는가?' 혹은 '당신에게 투명 인간과 하늘을 나는 초능력 중 한 가지를 선택할 수 있다면 무엇을 선택하겠는가?'라는 질문이다. 창의성 질문은 주입식 교육에 익숙해 공부에만 매달리던 지원자들에게는 매우 어려운 답일 것이다. 이런 창의성 질문은 말 그대로 정답이 없다. 지원자만의 독창적인 아이디어를 제시하고 논리적으로 답변에 관해 설명하면 된다. 이 질문에서 본인이 지원한 해당 직무와 연결할 수 있다면 직무와의 연계성과 실효성을 기반으로 답변을 한다면 가장 점수를 많이 받을 수 있을 것이다. 수많은 면접의 질문들에서 내가 원하는 질문만을 받을 수는 없다. 당황스러운 질문에도 잘 모르는 질문에도 대처할 수 있는 능력을 만들어가는 것이 가장 좋다. 면접은 연습이다. 실전 면접 경험을 많이 쌓아 예상치 못한 질문에도 익숙하고, 침착해져야 여유롭게 대처할 수 있다. 피할 수 없는 면접이라면 나를 단단하게 만들어가야 한다.

면접에 대한 두려움보다는 맞서 연습을 하고 간다면 원하는 좋은 결과를 얻을 수 있다.

# 04
# 로봇처럼 말하지 말아줘

## 로봇 같은 말투는 바꾸자

면접 준비를 하고 실제 면접을 경험해 본 지원자들이라면 로봇같이 어색하고 딱딱한 말투로 면접을 보다 자신의 로봇 목소리로 인해 더 긴장되고 떨렸던 경험이 있을 것이다. 물론 그 어색한 면접 자리에서 어떻게 하면 더 자연스럽게 대답하고 부드럽게 이끌어 갈 수 있을까 하는 생각을 하고 있었을 것이다. 면접에서의 로봇 같은 나의 말투, AI 아이폰 siri와 같은 목소리를 방지하는 면접 꿀팁을 알아보자. 그럼 먼저 왜 면접장에 가면 내 목소리가 AI처럼 로봇이 되어가고 글을 읽는 것 같은 목소리로 면접을 보는 것일까?

면접에서 로봇 같은 말투로 변하는 이유는 크게 두 가지로 나눠볼 수 있다.

첫째, 면접 준비를 하면서 스토리텔링이 아닌 전투적인 암기로 면접을 준비하는 경우이다.

두 번째, 대화의 전달이 아닌 일방적인 진실성 없는 말하기이다. 면접을 처음 시작하면 지원하는 기업에 맞춰 면접 예상 질문지를 만들어 준비하는 것이다.

저자는 지원자들에게 소설을 쓰지 않기를 당부한다. 지원자들은 예상 질문지를 받으면 가장 평소 사용하지 않는 어려운 어투를 글로 적어 주저리주저리 쓰며 준비를 한다. 글을 쓰는 것과 평소 대화를 하며 의미를 전달하는 것은 다르다. 면접 답변을 준비하며 암기를 하느라 급급하여 지원자의 감정은 아예 접어두고 준비를 하는 경우가 많다. 전투적인 암기를 예방하는 방법으로는 글로 적는 소설이 아닌 나의 말투로 바꾸는 것이다. 글로 적는 것은 글을 읽을 때의 매끄러운 표현 방식이고, 나의 말투는 말할 때의 전달력 높은 표현 방식이기 때문에 차이가 크다. 글로 적어 원고 형식으로 준비를 하는 지원자들의 가장 큰 실수는 어려운 어휘와 문맥을 사용해서 글을 쓴다는 것이다. 그렇기 때문에 일방적인 암기를 하느라 대화의 진정성은 사라진다. 지원자들이 면접 예상 질문지를 받으면 가장 먼저 해야 할 일은 내 입으로 실제 답변을 내뱉어 보는 것이다. 만약 이 부분이 정말 어려운 지원자들이라면 원고 형식의 답변을 준비한 후 그 원고를 평소 말하는 방법으로 다시 바꿔보는 것을 권한다. 말투 형식의 면접 질문지를 지속적으로 말을 하여 진짜 내 것으로 만들어 연습하라. 그러면 보다 자연스러운 답변으로 면접관에게 호감 가는 어투를 전달할 수 있을 것이다.

### • 말을 축약하여 전달하는 것도 자연스러운 말하기 방법

(입니다/인데요 같은 서술어를 축약)

| | |
|---|---|
| 인재입니다. (X) | 인잽니다. (O) |
| 박비주입니다. (X) | 박비줍니다. (O) |

### • 자연스러운 조사 사용하기

| | |
|---|---|
| 리더십을 발휘하였으며 (X) | 리더십을 발휘하였고 (O) |
| 그로 인해 봉사 정신을<br>배웠으며 (X) | 그로 인해 봉사 정신을<br>배웠고 (O) |

### • 자연스러운 대화하기

| | |
|---|---|
| 저의 장점에 대해<br>말씀드리겠습니다. (X) | 저의 장점은 (O) |
| 저의 봉사활동 경험에 대해<br>말씀드리겠습니다. (X) | 저의 봉사활동 경험으로는 (O) |

# '다나까' 꼭 써야 합니까?!

이제는 '다나까' 대신 '해요'체를 써도 된다는 병영생활! 그런데 면접장에서는 과연 어떤 체를 써야 할지 고민해 본 지원자들이 있을 것이다. 면접장에서 가장 먼저 해야 할 행동 인사! 첫인사로 "안녕하십니까?" "안녕하세요?" 중 어떤 말투와 표현이 면접관의 마음을 열 수 있을지 알아보자.

지원자가 회사의 일원으로 적합한 인재인지 평가를 하는 중요한 자리인 면접은 지원자의 성품, 인성, 행동이 그대로 드러나는 자리이다. 이전 기업은 구직자들의 스펙과 능력을 중시했지만 최근 기업들은 지원자의 잠재된 역량과 창의적인 인재인지를 중시한다. 지원자들의 잠재된 역량을 요구하는 면접이 점점 늘어나면서 면접의 종류도 다양해지고 있다.

어투와 말투가 중요한 기업에서 '다나까'를 사용하는 것에 관한 질문이 많다. 사실 '다나까'를 제대로만 활용한다면 문제가 되는 표현은 아니다. 예를 들어 "~했습니다"는 틀린 문장이 아니지만 "~했지 말입니다"와 같은 문장은 듣기 좋은 표현은 아니다. '다나까'를 제대로만 사용한다면 훨씬 격식을 차린 느낌을 줄 수 있고, 사회인으로서 준비된 사람이라는 느낌을 줄 수 있다. 하지만 기업과 회사라고 해서 다 똑같은 면접을 준비하지는 않는다. 군무원 면접의 경우에는 면접장의 분위기만으로도 압도되고 딱딱한 느낌을 주기 때문에 꼭 '다나까'를 사용하고 자신감 있는 목소리를 내도록 한다.

창의적이고 자유로운 직장의 분위기인 경우에는 정확히 사용하고 지키면 오히려 정형화된 느낌을 주기 때문에 '해요'체를 사용하고 신뢰감과 좋은 인상만 심어주면 된다고 코칭을 한다. 결국 지원자가 지원하는 회사의 분위기와 직무에 맞춰 쓰는 것이 가장 좋다. 하지만 여기에서도 가장 중요한 건 어떤 말투를 쓰든 익숙해질 때까지 연습한 후 면접장에서 빛을 발한다면 문제가 되지 않는다는 것이다.

# 못하면 좀 배우고 외쳐

## 스피치에도 성괴가?!

대략 10여 년 전, 2010년쯤 유행했던 단어 중에 '강남성괴'라는 말이 있다. 강남성괴는 강남지역에 밀집된 성형외과에서 천편일률적인 성형 시술을 받은 후 비슷한 얼굴을 가진 사람들을 일컫는다. 성괴의 상징은 하늘을 찌를 듯한 코, 곧 터질 것만 같은 부자연스러운 이마, 지렁이를 넣은 것 같이 볼록하게 튀어나온 애교살, 이 사람이 한국 사람이 맞나 싶을 정도의 크고 깊은 쌍꺼풀과 안팎으로 찢어 순정만화에서 튀어나온 것 같은 인공적인 얼굴이다. 그 얼굴이 마치 괴물 같다고 하여 한동안 부르던 유행어이다.

우리나라 사람들은 제각기 개성이 넘치는 사람들이라고 하지만 길을 지나가다 보면 그 개성은 없어진 지 오래다. 고등학생의 상징처럼 하나같이 이마를 덮은 앞머리, 본인의 얼굴색에 맞지도 않은 립스틱, 그저 연예인들이 얼굴색에 맞춰 예쁘게 바른 그 립스틱을 유행처럼 바르고 다닌다. 이렇듯 성형 괴물이라고 불리는 사람들은 유행을 따르고 예쁘다고 했던 것들을 쫓아가기만 했다.

스피치도 마찬가지이다. 면접 학원이라고 해서 서울 수도권 주요 도시들에서 방송경력이 있고, 아나운서 출신의 강사들이 문을 연 학원들이 우후죽순 늘어나고 있다. 저자가 거주하고 있는 창원지역도 마찬가지이다. 한번 방송에 출연했던 아나운서들도 이미 방송인으로 불리며 스피치 학원을 개업하고 있다. 하지만 아나운서 출신의 방송인들은 방송을 잘하는 방송인일 뿐 코칭을 잘하는 강사는 아니다. 사람은 개인마다 특성이 있고, 성향이 다르다. 사람이 다르기 때문에 스피치 코칭 방법도 달라져야 한다.

현재의 트랜드를 반영하듯 <트랜드 코리아 2020>에서 뽑은 올해의 소비 트랜드 전망을 보면 '멀티 페르소나'라는 말이 나온다. 페르소나라는 말은 가면을 뜻하는 말로 '외적인 인격'을 뜻하는 말이다. '멀티 페르소나'는 상황에 맞는 다양한 가면을 쓰고 살아가야 하는 현대인을 가리키는 신조어이다. 이제는 강남성괴가 유행하는 페르소나가 아닌 멀티 페르소나로 나의 외적 인격을 상황에 맞게 만들어가는 것이 더 유리하다.

## 나에게 착 붙는 가면 만들기

나만의 멀티 페르소나를 만드는 방법에는 시각적 이미지에 최적화된 면접을 손에 꼽을 수 있다. 이미지 메이킹, 퍼스널 컬러 진단으로 비대면 면접, 대면 면접 준비하는 나만의 가면 만들기를 활용해 보는 것이 좋다.

나에게 어울리는 가면이 무엇인지도 모른 채 남들이 하는 대로 가면 무도회에 따라가다 보면 내가 누군지도 모르는 남의 무대에서 면접을 준비하게 된다. 그렇다면 면접 준비를 하면서 가장 많은 도움을 받을 수 있는 곳은 어디일까?

나는 지원자들에게 딱 맞는 면접 학원을 찾는 것을 추천하고 싶다. 학생 수가 많은 곳, 방송매체에 나왔던 곳, 할인을 많이 해주는 곳, 친구와 같이 다닐 수 있는 곳이 아닌 지원자의 성향에 맞는 면접 준비를 할 수 있는 곳이어야 한다. 면접 학원을 통해 면접 질문에 답하는 말을 배우는 것이 아니라 나를 찾아가는 과정을 배워야 한다. 면접 전문가의 도움을 받고 지원자의 목소리나 태도 시각적인 모습을 주관적인 입장에서 바라보는 것이다.

면접 스피치에서 절대 잊지 말아야 할 것은 내가 갖고 있는 본연의 모습이다. 지원자의 성향을 버리고 다 같이 누구나 참여해서 볼 수 있는 수업을 하는 인터넷 강의와 같은 형식의 수업은 절대 추천하지 않는다. 면접센터를 찾는 지원자들은 다양한 성향의 사람들이 찾아온다. 원래 밝고 외향적인 성향의 사람에게 차분한 목소리를 요구하고 무조건 따라하도록 시킨다면 남의 가면을 쓰고 하는 연극에서 본연의 모습이 아니기 때문에

버퍼링이 걸릴 수밖에 없다. 내가 갖고 있는 외향적인 성향을 유지하며, 진정성 있는 목소리로 보완을 하며 본연의 색을 유지할 수 있도록 해야 한다. 또한 나에게 맞는 가면을 만들었다 하더라도 메이크업은 필수이다. 표정은 메이크업이다. 나에게 맞는 가면을 쓰고 경직된 표정으로 연극을 하게 되면 연극을 보는 청중은 당연히 불편해 할 것이다.

이제부터 나에게 맞는 착 붙는 가면과 알맞은 표정 메이크업으로 면접이라는 무대에서 합격이라는 공연을 시작해 보자.

## 못하면 도움을 받아

누구나 처음이라는 시기가 있다. 처음 못한다는 것은 당연하다. 처음 시작은 누구나 서툴다. 우리가 어렸을 때 태어나자마자 걷고 뛰어다녔는지 혹은 두발자전거를 단번에 올라타고 쌩쌩 달렸는지 생각해 보자. 어느 누구도 실수 한번 하지 않고 넘어지지 않고 자전거를 타지는 못했다. 태어나서 처음 걸음마를 시작했을 때도 우린 누군가의 손을 잡았고, 처음 타는 두발자전거의 안장도 뒤에서 누군가가 잡아주었다. 하지만 넘어지면 어쩌지 혹은 다치면 어쩌지 하는 마음으로 시작이 두려워 마음만 갖고 있었다면 지금의 나는 없었을 것이다.

면접도 마찬가지이다. 첫 시작을 인정하고 그 시작을 극복하고 면접을 준비해 보자. 우리에게는 면접 내비게이션이 있다. 방향성을 잡아주고 그 길로 가야 하는 방법을 알려주는 학원이 있다. 요즘엔 아무도 사용하지 않는 여기저기서 나누어 준 지도를 보면서 아날로그 감성으로 지도를 보면서 길을 찾아가는 것은 결코 쉬운 일이 아니다. 갔던 길을 되돌아와야 하는 경우도 있을 것이고, 혹은 시간과 주유비를 버려가면서 길을 찾아야 한다. 길을 못 찾는 것은 어리석은 바보가 아니다. 그 쉬운 길로 가는 방법을 알면서도 돌다리도 아닌 것을 몇 번을 두드리고 시간을 버리는 것이 어리석은 바보다. 넘어지면 깨지고 아프고 병원비만 더 드는 것은 세상의 이치다. 모르는 것은 도움을 받는 것이 가장 좋다.

면접 코칭 센터에서 가장 안타까운 일은 위와 같은 경우이다. 강사의 입장에서 빈 항아리로 오는 수강생들을 코칭하는 것이 오히려 더 맑은 물을 부어주기가 쉽다. 하지만 혼자 준비하다가 마지못해 센터를 찾아오는 수강생들에겐 그동안 부어져 있던 물을 비우고 해야 하기 때문에 두 배세 배의 시간이 걸린다. 면접 준비를 하는 누구나 무조건 센터를 찾아야 한다는 것은 아니다. 서점에 나와 있는 많은 면접 책 혹은 유튜브도 많은 정보를 준다. 만약 나 자신이 누구의 도움을 받아야 한다면 주저하지 말고 온라인 코칭, 오프라인 코칭을 받기를 추천한다. 하지만 이 책을 모두 읽은 당신인데도 아직 도움이 받고 싶다면 다시 한번 되돌려 읽기를 바란다. 두 번을 읽었는데도 되지 않는다면 도움을 받고 싶다고 한다면 더 크게 실패하기 전 저자에게 메일 보내길 바란다. 당신의 면접의 나침반이 되어주겠다 약속하고 이 글을 마무리 한다.

**세상은 점점 면접의 판을 키우고 있다.**

시대의 흐름에 따라 면접의 비중이 커지면서 지원자들의 무게도 커지고 있다. 빠른 시대 흐름에 따라서 면접의 트랜드도 하루아침에 변하고 있는 사실에 지원자들도 그 변화에 예측하기 힘들어하는 것은 사실이다.

면접은 기존에 취업을 목표로 준비하는 것과 다르게 곧 시대가 바뀌고 있다는 것을 증명하고 있는 것 중의 하나이기도 하다. 면접은 곧 대담, 말하기와도 가장 깊은 연관성을 갖고 있다. 성인이 되어서 취업에 목적을 두고 준비했던 면접이 이제는 초등학교 때부터 영재원을 시작으로 자사고, 대학입시, 취업, 각 공기업과 대기업까지 광범위한 목적성을 지니고 있다.

2000년대 이전까지의 면접은 대부분 명목상으로 치뤄지는 경우가 많았다. 합격을 좌지우지할 만큼 면접 비중이 크지 않았다. 오히려 오랜 시간 앉아서 공부하는 사람이 당연히 대기업에 취업하고 좋은 성적을 받을 수 있다는 '4당5락'이라는 말이 유행했던 시대였다. 4당5락은 4시간을 자면 대학에 갈 수 있고 5시간을 자면 대학에 떨어진다는, 현재는 이해할 수 없는 당시의 대학입시를 단적으로 알 수 있는 말이었다. 더 이상 스펙이 좋은 인재를 원하는 시대가 아니다. 성적이 좋고 그 분야에서 공부를 잘하는 인재라 하더라고 비뚤어진 사고방식과 성격적인 결함을 지닌 지원자는 사회생활에 있어서 가장 큰 치명타를 불러올 것이 분명하기 때문이다.

시대는 바뀌고 있고 세상은 창의 융합형 인재를 원하고 있다. 더 이상 스펙을 따라가는 세상이 아니기에 면접의 판이 커지고 있는 이유는 당연하다. 다양한 형태로 이루어지는 면접에서 블라인드 면접으로의 변화, 혹은 짧은 시간에 지원자의 인성과 잠재력을 엿볼 수 있는 AI면접까지 면접은 다양한 방식으로 존재한다. 10분에서 30분 이내의 짧은 면접 시간에 면접관들은 질문 몇 가지를 통해 지원자의 사고방식과 인성, 가치관, 인재상 등을 파악해 낸다.

따라서 면접은 전쟁을 나가는 지도자의 마음이 필요하다. 면접의 수를 여러 가지로 읽어볼 수 있도록 지피지기의 정신으로 준비를 해야만 한다. 모든 경우의 수를 준비해야 면접에서 좋은 결과를 얻을 수 있다. 면접의 시작, 곧 나를 알리는 1분 자기소개는 면접관의 고개를 들게 할 수 있는 첫 시작이다. 그 시작을 통해 50%의 점수를 확보하고 시작해 보자.

나는 트윙클 컴퍼니 부대표로서 다년간 많은 면접 준비생들을 만나왔다. 면접컨설팅을 준비하면서 누구보다 많은 자료 준비와 면접에 대한 기본기를 익히며 다양한 문제를 여러 가지 방법으로 제시해 보고, 그 문제에 대한 답변을 준비해 왔다. 물론, 이 책이 정답이라고 말할 수는 없다. 하지만 내가 가장 자신 있게 말할 수 있는 것은 이 책이 면접 준비생들에게 면접 길라잡이가 되어줄 책이라는 것이고, 실제 면접에서 유용하게 쓰일 수 있다는 것이다. 면접장의 문이 열리는 순간부터 면접장 문이 닫히는 그 순간까지, 면접장에서 누구보다 당신을 가장 당신답게 잘 빛내줄 수 있는 비법이 담긴 책이다. 면접은 개인마다 이야기와 구성이 모두 다르다. 그 다른 이야기들을 가장 나답게 소통하는 것이 면접이어야 한다. 하지만 고시학원의 같은 커리큘럼으로 서로 다른 성향을 가진 지원자들에게 똑같은 주입식 교육을 하는 것은 나다운 면접이 아닌 그저 그 커리큘럼에 운이 좋게 맞아떨어지는 사람이 합격할 수 있는 면접 방식이다. 면접은 가장 진솔하게 나의 이야기를 나답게 전달하고 그 자리에서 나를 가장 빛나게 해줄 수 있어야 한다.

그래서 이 책에서는 정답을 적어 놓은 주입식 면접이 아닌, 가장 나다운 면접을 준비할 방법을 적어 놓았다.

에필로그를 적으며 나와 함께 면접컨설팅을 준비하던 지원자, 곧 합격생들이 생각났다. 그들과 함께 준비했던 기간에 나도 함께 그 지원자의 마음처럼 준비했다. 혹시 조금 부족했던 지원자들은 집에 가서 누워서도 생각이 났고 늦은 밤에도 메시지를 서로 전달하며 마지막 체크 사항까지 확인해야 안심하며 잠이 들었다. 휴일이면 센터 문을 열지 않더라고 지원자들이 센터에 와서 스터디를 하고 싶어 하면 나는 여지없이 그들을 위해 나의 휴일을 반납하고 문을 열어주러 나오기도 했다. 면접에 있어 항상 함께한, 그 간절했던 마음이 가득하고 그 에너지가 전달이 되어 트윙클 컴퍼니가 합격의 전당이라는 수식어가 붙지 않았나 싶기도 하다.

면접을 준비하는 지원자라면 분명히 이 책이 당신에게 성장이 될 것이고 최고의 멘토가 될 것이다. 읽는 것에만 그치지 말고 면접 교본으로 읽고 써보고 입 밖으로 내뱉고 말해보며 면접을 준비한다면 당신에게 인생 최고의 메시지를 받을 수 있을 것이다.

이 책을 집필하면서 누군가의 멘토이자 응원자로 성장할 수 있도록 함께 손잡고 이끌어 준 나의 창원 트윙클 컴퍼니 가족과 내가 가장 힘들 때 가장 크게 성장할 힘을 준 나의 평생 파트너 박비주 대표님, 그리고 내 평생 베스트 프렌드 남편 소원후, 세상에서 가장 크게 빛날 하나뿐인 딸 서주원, 누구보다 나의 선택을 믿고 기다려준 우리 가족에게 진심으로 감사하다는 말을 전한다. 앞으로도 늘 영향력 있고, 안주하지 않으며 성장하는 삶을 이 책에 담아 두고 싶다.

**서환희**

# 21가지
# 착!붙는
# 면접 대화의
# 기술

초판 1쇄 인쇄  2021년  10월   6일
초판 1쇄 발행  2021년  10월  15일

지은이      박비주 • 서환희
발행인      서진
펴낸곳      이지퍼블리싱

편집        성주영

마케팅      구본건 김정현
영업        이동진

디자인      양은경

주소        경기도 파주시 광인사길 209, 202호
대표번호    031.946.0423
팩스        070.7589.0721
전자우편    edit@izipub.co.kr
출판신고    2018년 4월 23일 제2018—000094호

ISBN        979-11-90905-16-9 (13320)